Louis Althusser
Ideologie und ideologische Staatsapparate
1. Halbband

*Louis Althusser* (1918-1990) war einer der einflussreichsten marxistischen Theoretiker des 20. Jahrhunderts. Er war Lehrer von Michel Foucault, Jacques Derrida, Nicos Poulantzas, Bernard-Henri Lévy, Jacques Rancière und Étienne Balibar.

# Louis Althusser
# Ideologie und ideologische Staatsapparate

1. Halbband:

Aus Anlass des Artikels von Michel Verret über den »studentischen Mai«

Ideologie und ideologische Staatsapparate

Notiz über die ISAs

Louis Althusser: Gesammelte Schriften

Herausgegeben von Frieder Otto Wolf

VSA: Verlag Hamburg

www.vsa-verlag.de

Dieser Band ist Bestandteil der von Frieder Otto Wolf herausgegebenen *Gesammelten Schriften* Althussers, die in drei Verlagen (Westfälisches Dampfboot, Suhrkamp, VSA) erscheinen (siehe den Editionsplan S. 125ff.).

Originaltitel der Beiträge:
*À propos de l'article de Michel Verret sur »Mai étudiant«*
(Übersetzung: Frieder Otto Wolf)
*Idéologie et appareils idéologiques d'État*
*Note sur les AIE*
(Übersetzung: Peter Schöttler, Überarbeitung: F.O. Wolf)


3., unveränd. Aufl. 2019

Druck und Buchbindearbeiten: CPI books GmbH, Leck
ISBN 978-3-89965-425-7

# Inhalt

Vorwort von Frieder Otto Wolf ........ 7

Aus Anlass des Artikels von Michel Verret
über den »studentischen Mai« ........ 13

Ideologie und ideologische Staatsapparate ........ 37
  Über die Reproduktion der Produktionsbedingungen ........ 37
  Basis und Überbau ........ 44
  Der Staat ........ 47
  Über die Reproduktion der Produktionsverhältnisse ........ 60
  Über die Ideologie ........ 71

Notiz über die ISA ........ 103

Anhang: Louis Althusser, Gesammelte Schriften ........ 125

# Vorwort

Dieser Band konnte keine einfache Neuauflage des von Peter Schöttler in seiner Buchreihe »Positionen« 1977 herausgegebenen Bandes »Ideologie und ideologische Staatsapparate« sein – aus sachlichen und historischen Gründen.

Der sachliche Grund für diese Unmöglichkeit liegt darin, dass im Jahre 1995 – herausgegeben von Jacques Bidet – aus Althussers Nachlass das 1969 verfasste Manuskript publiziert worden ist, aus dem Althusser selbst in einer redaktionellen *tour de force* seinen Artikel für *La Pensée* gleichsam »ausgekoppelt« hatte. Diese Publikation ist unter dem von Bidet gewählten Titel »Über die Reproduktion«[1] weltweit bekannt geworden, allerdings noch nicht auf Deutsch veröffentlicht. Damit ist dieser Artikel auf eine Weise wieder in seinen Entstehungskontext gestellt, an dem eine heutige Rezeption nicht vorbeigehen kann. Es gibt jedenfalls Argumente dafür, dass erst damit wieder der Stellenwert dieses Textes in Althussers philosophischer Entwicklung begreifbar wird, dessen scheinbar abruptes Ansetzen ebenso Verständnisschwierigkeiten gemacht hatte[2] wie seine »strukturfunktionalistisch« anmutende Oberfläche.[3] Eine Veröffentlichung der Texte zu »Ideologie und ideologische Staatsapparate« (ISA) ohne Bezugnahme auf diesen Kontext wäre daher heute nicht mehr sachgerecht.

Außerdem ergibt sich aus der Publikation des vervollständigten Bandes *Für Marx* im Rahmen dieser Ausgabe der *Gesammelten Schriften* Althussers im Suhrkamp-Verlag, dass die in der

---

[1] Meines Erachtens lässt sich eindeutig die Auffassung begründen, dass der von Althusser geplante Titel, wenn nicht schlicht »Der Überbau«, eher »Über die Reproduktion der Produktionsverhältnisse« gewesen wäre.

[2] Mike Gane (1983) hatte aufgrund dieser »Herausgelöstheit« die – vermutlich unhaltbare – Auffassung konstruiert, bei den ISA-Analysen handele es sich um eine bloße »Episode« in Althussers philosophischem Werk.

[3] Auf die Althusser selbst in seiner »Notiz über die ISA« von 1976 zurückgekommen ist.

ersten Suhrkamp-Ausgabe weggelassenen Texte aus *Pour Marx* jetzt dort und nicht mehr hier erscheinen. Damit entfallen hier die Texte »Über den Jungen Marx (Fragen der Theorie)« und »Die ›Manuskripte von 1844‹ von Karl Marx«. Auch die 1977 durchaus sinnvolle Abrundung der Publikation durch weitere, spätere Texte Althussers – »Ist es einfach, in der Philosophie Marxist zu sein?« und »Über Marx und Freud« – ist im Rahmen der geplanten Gesamtausgabe, welche die Texte nach zeitlicher und sachlicher Nähe gruppiert, heute nicht mehr zu vertreten.

Es gibt aber auch noch einen eher historischen Grund für die Unmöglichkeit einer einfachen Neuauflage, der in die konfliktreiche Geschichte der deutschen Althusser-Rezeption zurückverweist: Nachdem das Projekt Klassenanalyse im Zusammenhang mit seiner Althusser-Kritik (Projekt Klassenanalyse 1975) einen ersten, vor allem von Horst Arenz besorgten Sammelband zu *»Marxismus und Ideologie«* (Westberlin 1973) vorgelegt hatten, in dem auch eine deutsche Übersetzung des ISA-Artikels enthalten war, hatte Peter Schöttler verlässlichere Neuübersetzungen produziert und organisiert und unter dem Titel *»Ideologie und ideologische Staatsapparate. Aufsätze zur marxistischen Theorie«* (Westberlin/Hamburg 1977) einen Sammelband herausgegeben, in dem Althussers »Note sur les AIE« von 1976 weltweit zum ersten Mal publiziert wurde.

In diesem Sammelband wurde zugleich die Lücke geschlossen, welche die selektive Suhrkamp-Veröffentlichung von *Für Marx* gelassen hatte. Und mit ihm wurden noch zwei wichtige Texte Althussers auf Deutsch herausgebracht, darunter der Text über »Marx und Freud« – ebenfalls als weltweite Erstveröffentlichung. Außerdem hatte Schöttler in diesem Band dem deutschsprachigen Publikum mit einer ersten umfassenden Bibliographie der veröffentlichten Schriften Althussers, einschließlich der deutschen Übersetzungen, einen wichtigen Ariadnefaden durch das Labyrinth der verstreut publizierten Althusser-Texte an die Hand gegeben.[4] Dieser für die deutsche Althusser-Rezeption

---

[4] Peter Schöttlers Bibliographie ist von Jürg Berthold (1992) aktualisiert worden. Weitere bibliographische Hinweise lassen sich den »Denkan-

klassisch gewordene Band lässt sich heute nicht wiederholen, weil sich die Lage in vielen Hinsichten verändert hat.

Der Bezug zum Kontext von »Über die Reproduktion« bzw. »Über den Überbau« wird in dieser Neuausgabe dadurch hergestellt, dass dieser Band von Althussers *Gesammelten Schriften* in zwei Halbbänden erscheint: Der erste Halbband bietet die beiden ISA-Texte von 1970 und 1976, begleitet von einem zeitlich und sachlich sehr nahen Text Althussers: Der Kritik an Michel Verrets Untersuchung des »studentischen Mai 68«, in deren Zentrum die Dringlichkeit der Ausarbeitung einer marxistischen Ideologietheorie steht. Der zeitnah geplante zweite Halbband wird die vollständige deutsche Übersetzung von »Über die Reproduktion der Produktionsverhältnisse/Über den Überbau« enthalten, ergänzt durch einen Text über die Kirche als ideologischen Staatsapparat. Ein ausführliches Nachwort des Herausgebers ist für den zweiten Halbband geplant.

Sofern die deutschen Übersetzungen nicht ganz neu angefertigt worden sind – also in Bezug auf die beiden ISA-Texte –, hat der Herausgeber die vorliegenden deutschen Übersetzungen aus über 30 Jahren Abstand gründlich durchgesehen und überarbeitet, bis hin zu ihren Titeln.[5] Das Ziel war vor allem eine gesteigerte Präzision in der Nachzeichnung von Althussers Begrifflichkeit und Argumentation.

stößen nach Althusser« (Böke u.a. 1994) und meinem Handbuch-Artikel (Wolf 2009) entnehmen. Um ein Maximum an Aktualität zu gewährleisten, wird eine ausführliche Bibliographie zu Althusser in Deutschland erst dem zuletzt erscheinenden Band dieser »Gesammelten Schriften« beigegeben werden. Zur Bibliographie Althussers auf Französisch und Englisch kann vorerst auf Nordquist 1986 und Elliott 2009 verwiesen werden.

[5] So ist aus »Anmerkung über die ideologischen Staatsapparate (ISA)« die »Notiz über die ISA« geworden und selbst der Titelaufsatz wurde im Untertitel modifiziert, in dem wiederum die »Anmerkungen« durch »Notizen« ersetzt wurden.

Der hier vorgelegte Band steht im Zusammenhang einer Neuausgabe von Louis Althussers *Gesammelten Schriften* auf Deutsch, die zum größten Teil im Verlag Westfälisches Dampfboot erscheinen wird (siehe S. 125ff. in diesem Band). Sie soll endlich Althussers Werke auf Deutsch in verlässlichen Übersetzungen öffentlich zugänglich machen. In erster Linie wird es dabei um seine zu Lebzeiten veröffentlichten und autorisierten Schriften gehen. Wo immer besondere Gründe dafür bestehen – wie etwa in dem in diesem Doppelband vorliegenden Fall –, werden auch posthum veröffentlichte Schriften[6] einbezogen.

Dieser Band im VSA: Verlag und der im Erscheinen begriffene Band *Für Marx* im Suhrkamp-Verlag werden hoffentlich dazu beitragen, dass diese Ausgabe im deutschen Sprachraum breit zur Kenntnis genommen wird. Ich danke sowohl dem Verlag als auch Peter Schöttler für eine hilfreiche Zusammenarbeit.

*Frieder Otto Wolf*

---

[6] Vorerst steht hier mit den beiden von M.G. Goshgarian hervorragend betreuten Sammelbänden (Althusser 2003 u. 2006) auf Englisch ein durchaus geeignetes Arbeitsinstrument zur Verfügung.

## Literatur


Althusser, Louis (1973): *Marxismus und Ideologie. Probleme der Marx-Interpretation,* Westberlin

Althusser, Louis (1977): *Ideologie und ideologische Staatsapparate. Aufsätze zur marxistischen Theorie.* Reihe Positionen, herausgegeben von Peter Schöttler, Hamburg/Westberlin

Althusser, Louis (2003): *The Humanist Controversy and Other Writings*, hrsg. u. übers. v. M. G. Goshgarian, London

Althusser, Louis (2006): *Philosophy of the Encounter. Later Writings, 1978-1987*, übers. u. m. e. Einführung von M. G. Goshgarian, London

Arenz, Horst/Bischoff, Joachim/Jaeggi, Urs (Hrsg.) (1973): *Was ist revolutionärer Marxismus?Kontroverse über Grundfragen marxistischer Theorie zwischen Louis Althusser und John Lewis*, Westberlin

Balibar, Étienne (1996): Note biographique, in: Louis Althusser, *Pour Marx. Avant-propos de Étienne Balibar*, Paris

Böke, Henning/Müller, Jens Christian/Reinfeldt, Sebastian (Hrsg.) (1994): *Denk-Prozesse nach Althusser*, Hamburg, 275-282 (Kommentierte Bibliographie)

Berthold, Jürg (1992): *Althusserlektüren. Lektüre/Ideologie/Didaktik in Louis Althussers Diskurs*, Würzburg

Elliott, Gregory (2009): *Althusser. The Detour of Theory*, 2. Aufl. Leiden (1. Auflage: London/New York 1987), 387-403 (Bibliography of the Published Writings of Louis Althusser)

Gane, Mike (1983): On the ISAs episode, in: *Economy and Society*, 12, H. 4, 431-46

Nordquist, Joan (1986): *Althusser. A bibliography*, Santa Cruz, CA

Projekt Klassenanalyse (1975): *Louis Althusser. Marxistische Kritik am Stalinismus?*, Westberlin

Wolf, Frieder Otto (2009): »Althusser, Louis«, in: Bedorf, Thomas/Röttgers, Kurt (Hrsg.), *Die französische Philosophie im 20. Jahrhundert. Ein Autorenhandbuch*, Darmstadt, 15-21

# Aus Anlass des Artikels von Michel Verret über den »studentischen Mai«[1]

Ich habe gerade meine Lektüre des Artikels beendet, den Michel Verret in der Nummer 143 von La Pensée vom Februar dem Thema »Der studentische *Mai*[2] oder die Substitutionen[3]« gewidmet hat.[4]

Ich möchte zugleich das reelle Interesse betonen, das ihm zukommt, aber auch die schwerwiegenden Vorbehalte, die er in mir ausgelöst hat.

Verrets Artikel kann mit gutem Recht ein dreifaches Verdienst beanspruchen:

1) Er ist – meines Wissens – der erste Text eines Kommunisten, der sich mit der Analyse *bestimmter Formen der studentischen Ideologie des Mai* befasst. In dieser Hinsicht schließt er eine wichtige Lücke in der existierenden französischen marxistischen Literatur.
2) Er ist – wiederum meines Wissens – eine der ersten Analysen, in der, bei Gelegenheit der Untersuchung eines relativ privilegierten Gegenstandes (des spektakulären Aufstiegs der stu-

[1] In *La Pensée*, Nr. 145 (Mai-Juni 1969), 3-36. Dt. z.T. als »Kommunisten und Studentische Jugend nach den Mai-Ereignissen«, in: Rote Korrespondenz des Spartakus – Assoziation Marxistischer Studenten, Nr. 6 (1969), 430-433. Die hier vorliegende vollständige Übersetzung wurde vom Herausgeber neu angefertigt. – Auf Althussers Kritik am Artikel von Verret folgte noch eine von Roger Garaudy: »Über den ›studentischen Mai‹ und über die Philosophie Lenins«, 15-20. In Althussers Briefen an M.A. Macciocchi (in: dies., *Lettere dall'interno del P.C.I. a Louis Althusser*, Mailand 1969, 331-361 finden sich ergänzende Überlegungen Althussers). [fow]

[2] Im Französischen großgeschrieben – im Folgenden kursiv. [fow]

[3] Im Französischen großgeschrieben. [fow]

[4] In *La Pensée*, Nr. 143 (Januar-Februar 1969), 3-14.

dentischen Ideologie, welche in einem ökonomischen und politischen Kontext erfolgt ist, der – jedenfalls in seinen großen Linien – durchaus bekannt ist) ein skizzenhafter Versuch zu einer Theorie der Mechanismen gemacht wird, welche in der Dialektik der Formen einer gegebenen Ideologie eine Rolle spielen, wie sie sich entfalten, wenn sie einerseits mit ihren eigenen Verwirklichungsformen und andererseits mit der Wirklichkeit als solcher konfrontiert werden. Am Horizont des Essays von Verret wird damit ein wirkliches Problem sichtbar, das offensichtlich weit über das hinaus von Bedeutung ist, was unmittelbar den Gegenstand seiner Untersuchung bildet: Die Aufgabe, eine *marxistische Theorie der Mechanismen der Ideologie* zu konstituieren – und dabei auch die Transformationen zu erklären, welche die Dialektik dieser Mechanismen den Formen der untersuchten Ideologie als solchen aufprägt.

3) Verrets Text hat schließlich das sehr große Verdienst (und auch den dafür erforderlichen politischen Mut), die politische Aufgabe eines »gemeinsamen Kampfes« mit den »linksradikalen« Studenten[5] anzusprechen und diese Aufgabe ganz genau als eine Aufgabe der »Aktionseinheit« vorzustellen, die auf dem »Gebiet der Wirklichkeit« zu lösen sein wird, in Bezug auf »den gemeinsamen Feind und die gemeinsamen Zielsetzungen«. Aber er tut das nur mit wenigen, rasch geäußerten Worten, die ganz stark Gefahr laufen, völlig unbemerkt zu bleiben. Diese Aufgabe ist in der Tat sehr schwierig, nicht bloß wegen der heftigen Vorbehalte und des bitteren Misstrauens, wie sie weit verbreitet sind, sondern vor allem wegen der *Gründe*, welche es für diese Vorbehalte und für dieses Misstrauen gibt, und wegen ihrer Intensität – wobei meiner Überzeugung nach diese Gründe noch von niemandem mit der erforderlichen wissenschaftlichen Objektivität erörtert worden sind, sondern eine derartige wissenschaftliche Untersuchung immer noch in weiter Ferne liegt.

---

[5] Im Französischen ist die Abgrenzung der »Schüler« von den »Studenten« sprachlich weniger scharf als im Deutschen. Wenn Althusser pauschal von »Studenten« spricht, sind zumindest bestimmte Gruppen von Oberschülern immer mit gemeint. [fow]

Ich bin davon überzeugt, dass es ein Irrtum und eine Ungerechtigkeit wäre, wenn wir dieses Verdienst unterschätzen würden – und zwar *vor allem das zuletzt genannte.*

Aber nachdem wir einmal dieses dreifache Verdienst anerkannt haben, ist es (zumindest meiner Meinung nach) – auch im Zusammenhang mit dem theoretischen und politischen Projekt von Verret selbst – ganz unmöglich, über die Mängel dieses Artikels zu schweigen. Es sollte mir hier erlaubt sein, diese Mängel schnell zu untersuchen und zwar in der Reihenfolge zunehmender Wichtigkeit. Ich werde dabei versuchen, der Kritik, die mir erforderlich zu sein scheint, soweit nur irgend möglich eine positive Wendung zu geben.

Jeder Leser, dem es gelungen ist, den Artikel von Verret zu lesen, wird nicht umhin können, als erstes anzuerkennen, dass er äußerst brillant ist: Er ist einfach *viel zu brillant.* Diese Übertreibung tritt von vorneherein in seiner Sprache zu Tage, die ganz wunderbar gerafft, dicht, gerne auch elliptisch ist und getrüffelt mit rhetorischen Figuren sowie überladen mit einem esoterischen Wortschatz daherkommt.

Ich habe meine Zweifel daran, dass es einem Genossen, der *Arbeiter* ist, leicht fällt, diesen Text zu lesen, ja dass er ihn überhaupt lesen kann: Er ist zugleich sehr lang und sehr dicht und in kurze kategorische Kapitel aufgeteilt, die Titel von einer erstaunlichen Geschraubtheit tragen. Meiner Auffassung nach liegt allein darin bereits ein schwerwiegender politischer Fehler. Denn es waren die Arbeiter unter unseren Genossen, die sich an der Seite der Studenten in die riesige und begeisterte Demonstration des 13. Mai eingereiht haben, und sie waren es auch, die oft erlebt haben, wie die Studenten auf sie zugegangen sind, um sie kennenzulernen, um ihnen an den Fabriktoren ihre Unterstützung anzubieten und auch um sich bei mehreren Gelegenheiten auf ihre Seite zu schlagen – auch wenn diese Arbeiter dabei »gespürt« haben, dass die Studenten – trotz allen Großmuts, den sie gezeigt haben – einfach nicht mit ihnen »auf der gleichen Wellenlänge« lagen. Diese Arbeitergenossen haben ein Anrecht darauf, dass ihnen klar und verständlich erklärt wird, von welchen besonderen ideologischen Formen die Studenten im *Mai* durchdrungen gewesen sind, worin die fortschrittliche Kraft ihrer Massenbewegung bestanden hat, worin sie geirrt und worin sie sich ein Verdienst erworben haben, und insgesamt über die Logik von deren Reaktionen, die doch oft für sie, die Arbeiter, verwirrend ausgefallen sind. Unter diesem Gesichtspunkt – der politisch ist – betrachtet, muss der Artikel von Verret nach meiner Auffassung entweder für seine Leser, die Arbeiter sind, ganz unzugänglich bleiben oder aber sie recht schlecht [über diese Gegenstände, fow] aufklären. Vielleicht sorgt er sogar aufgrund der befremdlichen Sprache, in der er abgefasst ist, und aufgrund des unzureichenden Charakters seiner Analysen nur für weitere Verwirrung in ihrem Denken.

Ich würde sogar noch weitergehen: Denn ich erwarte nicht, dass dieser Artikel, der offenbar für die Studenten als Leser – und nur für sie – verfasst worden ist, dieses selbst gesetzte Ziel erreichen wird. Ich fürchte, Verret bildet sich nur ein, dass er von den Studenten verstanden werden wird, weil er ihre Sprache spricht, jedenfalls die, von der er selber glaubt, dass sie die Sprache der »herrschenden kulturellen Legitimität im studentischen Milieu« sei.

Nun dementiert aber alles, was man über die Sprache weiß, welche die Studenten im *Mai* gesprochen haben und die sie auch heute noch sprechen, zumindest in den wesentlichen Punkten diese [von Verret gehegte, fow] Überzeugung. Außer gewissen Anarchisten, die von Themen wie dem »Orgasmus« in sexueller oder auch in anderer Gestalt besessen waren, haben die bewusstesten Studenten nicht diese Sprache gesprochen, in der der Bau von Barrikaden als »Erektion« vorgestellt wurde, in der Permissivität zum Maßstab gemacht, die Parusie pädagogischer Messiasse erwartet und von phantasmatischen Orten, von Charisma, von den großen Phantasmen der Angst oder auch von Einäugigen Wachsamkeiten oder von Einseitig Gelähmten Kritikern gesprochen worden ist – um nur einzelne Ausdrücke aus einer überbordenden Fülle ähnlicher Formulierungen herauszugreifen.[6] Meines Wissens haben der größte Teil der Flugblätter des *Mai* eine davon ziemlich verschiedene Sprache gesprochen – und die Plakate des *Mai* verwendeten ohnehin die Sprache, wie wir alle sie sprechen.

Ich weiß wohl, dass man mir hier entgegenhalten wird, dass die Sprache Verrets als Sprache einer Analyse »marxistischer Soziologie« über die studentische Ideologie des *Mai* als eine *wissenschaftliche* Sprache eine *andere* Sprache sein muss als die der Studenten – und zwar sowohl eine andere Sprache als diejenige, in der sie im *Mai* ihre Forderungen und Hoffnungen zum Ausdruck gebracht haben, als auch eine andere als diejenige, in der sie versucht haben, ihre Aktionen und ihr Hoffen »theoretisch zu fassen«. Damit bin ich völlig einig – aber genau dies ist auch der Punkt, an dem die Sache jetzt richtig ernst wird.

Denn so sehr die subjektive Absicht von Verret – einen Anfang damit zu machen, theoretisch die Dialektik der Mechanismen der Ideologie in Aktion zu durchdenken – auch völlig berechtigt und richtig ist und so sehr sie es auch erforderlich macht, zu diesem Zweck theoretische Begriffe auszuarbeiten, so gilt doch, dass diese Begriffe *marxistisch* sein müssen. Nun kommen wir aber nicht umhin, festzustellen, dass der Vorrat an Ausdrücken, die Verret verwendet – und zwar mit einer Beharrlichkeit, die bereits an Selbstgefälligkeit grenzt – zwar gut angefüllt ist mit theoretischen Begriffen [notions], aber in der Tat theoretische Begriffe in den Verkehr bringt, die nicht viel mit marxistischer Theorie zu tun haben – auch wenn sie auf wirkliche Probleme zumindest *anspielen* und auf die erforderliche marxistische Theorie *verweisen*, deren Ausarbeitung noch zu leisten sein wird. Verrets Terminologie überschneidet sich nämlich beständig – zumindest dort, wo er von der Ideologie spricht – die er übrigens mit einem Wort bezeichnet, das gar keine Täuschung erlaubt: dem »sozialen Imaginären«, *mit einer Terminologie, die*

[6] Althusser zitiert hier frei – und nur zum Teil aus Verrets Artikel. Ein pedantischer Nachweis von Fundstellen würde seiner Argumentation nichts hinzufügen, würde aber heute eine größere Untersuchung des französischen Mai 1968 unter diesem hier von ihm verfolgten Gesichtspunkt voraussetzen. Ich habe daher darauf verzichtet. [fow]

*in Frankreich mit avantgardistischem Anspruch auftritt.* Diese Terminologie ist von Bourdieu und Passeron – in im Übrigen zu ihrer Zeit durchaus verdienstvollen Werken – entwickelt worden und stellt aber nur, wie heute gesagt werden muss, eine Mixtur zwischen der Terminologie von Weber und Durkheim und einer pseudo-freudianischen dar und bleibt, um gleich alles zu sagen, bloß psycho-soziologisch, d.h. nicht wissenschaftlich.

Verret wird zweifellos erstaunt darüber sein, wenn er hier liest, dass seine Analysen der studentischen Ideologie nicht zur »marxistischen Soziologie« gehören, auf die er sich beruft, sondern zur Psychosoziologie. Es genügt aber bereits, sein erstes Kapitel durchzugehen (Der Index des Wagemuts; Der Index der ›Permissivität‹; Der Index des Aristokratismus; Die prinzlichen Revolten), um sich darüber Gewissheit zu verschaffen, dass er hier eine rein psycho-soziologische *Deskription* der »Motivationen« der Studenten vornimmt, in der er sich auf eine Art von abstrakter »studentischer Lage« beruft – abstrakt, weil diese Deskription vollständig von der ökonomischen, politischen und ideologischen Situation abstrahiert, die der ideologischen Revolte des *Mai* ihr Feld geboten hat.

Dass die Gruppe der Studenten eine »Gruppe des Übergangs« sei – zwischen dem Familienleben, das zu verlassen sie im Begriff ist, und dem Berufsleben, das sie noch nicht aufgenommen hat, zwischen dem Halbwissen und dem Wissen, zwischen der Moral und der Politik. Dass diese »Situation« den Studenten unendlich mehr an »Freiheit« erlaubt als den Arbeitern und den anderen Werktätigen, sogar als den Intellektuellen. Dass die Söhne von Bürgern und Kleinbürgern als »Treuhänder der kulturellen Legitimität, in der die gesellschaftliche Ordnung sich reflektiert, sich sanktioniert und sich rechtfertigt«, sich das »aristokratische« Vergnügen herausnehmen, die »etablierten Werte« zu erschüttern. Dass sie in dieser scheinbaren »Freiheit« ihren »Phantasmen« unterworfen sind, wo immer sich die »Vorherrschaft des Lustprinzips« zu geringen Kosten verwirklichen lässt. Wer wird das alles leugnen? Aber wer kann auch leugnen, dass diese Bedingungen *immer schon für Studenten bestanden* haben – und dass die studentische Jugend, vor allem die der Vornehmen und Reichen [jeunesse dorée], sich zu allen Zeiten ein Spiel daraus gemacht hat, solange ihre Jugend noch nicht vergangen ist, ihren Eltern und der »etablierten Ordnung« Skandale zu bieten. Was lehrt uns eine derartig allgemeine Analyse über die große ideologische Revolte des *Mai, in dem, was sie doch gerade unterschieden hat* – und zwar zum einen von einer Revolte, in der das ästhetisch-antiklerikale Moment vorherrscht, wie der der surrealistischen Jugend in den Tagen nach dem Krieg von 1914-18, und zum anderen, erst Recht, von den faschistoiden und bald darauf faschistischen Revolten, welche die meisten westeuropäischen Länder in den Jahren nach 1927 in Italien und 1933 in Deutschland überschwemmt haben und die zwischen 1932 und dem Zweiten Weltkrieg auch Frankreich bedroht haben?

Die beiden folgenden Behauptungen sind ganz genau reversibel [ohne Verlust ineinander überführbar, fow]: 1) wenn man nicht die genauen ökonomischen, politischen und ideologischen Bedingungen bestimmt, welche diese unterschiedlichen Revolten begründen und daher auch unterscheiden, dann verzichtet man auf jede wahrhaft soziologische Analyse und verfällt in ihr gemeinsames Residuum – eine psycho-soziologische Analyse; 2) wenn man – fasziniert von den Indizes von »Permissivität«, »Wagemut« und »Aristokratismus« – allein die Sprache der Psychosoziologie verwendet, dann verfehlt man unvermeidlich die historischen Gründe, die dafür sorgen, dass eine bestimmte studentische Revolte ästhetisch, faschistisch oder progressiv ausfällt.

Es ist unnötig, näher auszuführen, dass das auf diese Weise erzielte Ergebnis bereits politisch sehr wichtig ist: Denn es verweist alle Leser auf ein zeitloses »Wesen« der »transitiven« Freiheit der studentischen Jugend, in dem jeder Beliebige zu geringen Kosten alles finden kann, was er braucht, ganz gleich, ob er ein Ästhet, ein Faschist oder ein Progressiver ist.

Das müsste ausreichen, um für uns zumindest diesen einen Punkt zu erhellen, der allerdings schon von allen Klassikern des Marxismus vollständig bestimmt worden ist: Dass keine Analyse einer gegebenen Ideologie und erst Recht keine Analyse der bestimmten Formen möglich ist, in der sich ihre Mechanismen ausdrücken, ohne sie auf die *spezifischen historischen Bedingungen* zu beziehen, die sie tragen und die ihr erst ihr Operationsfeld bieten. Verret skizziert nicht einmal eine Analyse der spezifischen ökonomischen, politischen und ökologischen Bedingungen, die – nicht nur in Frankreich, sondern in der ganzen Welt – zu der ideologischen Revolte der Jugend im Bildungswesen [scolarisée][7] geführt haben. Das führt zu einem doppelten Ergebnis:

1) Auf der Ebene der von ihm verwendeten Begriffe ist er dazu gezwungen, auf gemischte soziologische Pseudo-Begriffe zurückzugreifen, in denen sich weberianische, durkheimianische und freudianische Konzepte vermischen, in eben dem Amalgam, das die Grundlage jeder psychosoziologischen »Theorie« bildet. Tatsächlich »gelten« diese Pseudo-Begriffe für *alle* ideologischen Revolten, ganz unabhängig davon, was ihre politische Tendenz und daher auch ihre Reichweite ist: Revolten eines kurzen Moments oder Revolte der langen Dauer; oberflächliche Revolten und tiefgreifende Revolte; ästhetische, faschistische oder progressive Revolte.

2) Auf der politischen Ebene ist die Konsequenz ganz klar: Da uns nicht erklärt wird, dass es sich bei der weltweiten ideologischen Revolte der Jugend im Bildungswesen [système scolaire] um eine der wichtigen Wirkungen der Agonie des Imperialismus handelt, da uns nicht erklärt wird, welche Bedeutung die Beispiele Algeriens (Verret sagt, die Gruppe der Studenten habe keine Geschichte! Ich kann versichern, dass der Algerienkrieg tiefe Spuren im Gedächtnis der ehemaligen und sogar noch der heutigen Studenten hinterlassen hat), Kubas, Vietnams und Chinas (die Echos der Kulturrevolution haben eine keineswegs zu vernachlässigende Rolle in der Ideologie des studentischen *Mai* gespielt) gehabt haben; und da uns nicht erklärt wird, dass die bürgerliche Ideologie stark angeschlagen (um nicht zu sagen, be-

---

[7] Althusser folgt dem französischen Sprachgebrauch, in dem alle Bildungseinrichtungen einfach »Schulen« sind – was in Deutschland seit den Hochschulreformen des 19. Jahrhunderts nicht mehr so geläufig ist. [fow]

reits abgebaut) ist durch die Ereignisse der Weltgeschichte, wie seit dem Faschismus, dem Krieg in Spanien, dem letzten Weltkrieg und den sozialistischen Revolutionen, die auf ihn gefolgt sind; da uns nicht erklärt wird (*denn eben dies ist der Punkt, an dem der ganze Rest Wurzeln schlägt*), dass das Kleinbürgertum – und sogar bestimmte »leitende Angestellte« – tiefgreifend von der Krise erreicht werden, von der sie auch dann betroffen sind, wenn sie nicht die Arbeitslosigkeit einholt oder erwartet (wie viele künftige Erwerbslose finden sich unter den heutigen Studenten?) – da uns alles dies gar nicht erklärt wird, verwandelt sich jede »soziologische« Analyse der studentischen Ideologie des *Mai* 1968 in eine psychosoziologische (und daher idealistische) Analyse des »sozialen Imaginären« einer (»transitiven«) »Übergangsgruppe«, die sich auf ewig im Übergang befindet, die auf ewig zwischen zwei Stühlen steht, eben der »Gruppe der Studenten«.

Das führt dazu, dass es nicht nur unmöglich wird, die folgende, ganz massive Tatsache zu erklären: nämlich dass – zum ersten Mal in der Geschichte – sich eine ideologische Revolte von Studenten auch auf die Gymnasiasten[8] ausgeweitet hat, sowie auf wichtige Schichten der jungen Geistesarbeiter,[9] so dass sie eine ideologische Revolte mit *Massencharakter* geworden ist; nämlich, dass – ebenfalls zum ersten Mal in der Geschichte – diese ideologische Revolte nicht nur die »etablierten Werte« angegriffen, sondern Institutionen des Staates erschüttert hat und zwar in ihren jahrhundertalten Praktiken (vor allem das Bildungswesen), die noch nicht wieder so weit sind, sich von dieser Erschütterung zu erholen; und nämlich auch noch, dass diese ideologische Revolte in Frankreich nur ein Teil einer *weltweiten* Jugendrevolte ist und dass sie unbestreitbar progressiv ge-

[8] Im Sinne der Schüler der Sekundarstufe des Bildungswesens, nicht im Sinne der älteren deutschen Unterscheidung zwischen Gymnasien und »Realoberschulen«. [fow]

[9] Das französische »travailleurs intellectuels«, wörtlich »intellektuelle Werktätige«, mit »Wissensarbeiter« zu übersetzen, würde in diesem Text von 1969 anachronistisch wirken. Der Sache nach ist aber genau das gemeint. [fow]

prägt ist, trotz ihrer *unvermeidlichen* Irrtümer, trotz ihrer Anmaßungen und Illusionen.

Um mit einem Wort zu sagen, was Sache ist: Wenn man nicht weiß, woher es gekommen ist, dass eine ideologische Revolte auftrat, wenn man nicht weiß, in welcher historischen Tiefe sie verwurzelt ist, dann wird man aller Wahrscheinlichkeit nach nicht dazu in der Lage sein, zu erkennen, worin ihre politisch Bedeutung liegt, was ihre politische Tragweite ist und welche politische Zukunft ihr bevorsteht – und also nicht erkennen können, in welchem Maße sie für den proletarischen Klassenkampf gegen den Imperialismus – im nationalen wie im weltweiten Maßstab – eine Hilfe darstellen kann und wie weit sie das nicht kann.

Ich könnte hier einhalten, aber ich muss doch noch weitergehen.

Verret hat ganz unbestritten das Recht, der Ideologie der studentischen Aktionen des *Mai* eine Untersuchung zu widmen. Er spricht übrigens nicht nur von der studentischen Revolte; er spricht auch von dem Streik der Arbeiter. Und immer dann, wenn er vom Streik der Arbeiter spricht, dann spricht er eine marxistische Sprache und keine psycho-soziologische Sprache mehr. Meiner Auffassung nach hätte er aber berücksichtigen müssen, da sich sein Artikel vor allem an Studenten richtet, dass es vor allem anderen völlig unverzichtbar gewesen wäre, die irrtümliche Vorstellung zu berichtigen, welche die Mehrheit der Studenten immer noch von den Maiereignissen hegt. Ich weiß, welche Auffassung die *Partei*[10] in diesem Punkt vertreten hat, aber eine beträchtliche Anzahl von Studenten, welche diese Stellungnahmen der *Partei* – aus Gründen, die dringend näher zu untersuchen wäre, denn sie sind schwerwiegend – nicht erreicht haben, hegen immer noch illusionäre Vorstellungen darüber, was wirklich geschehen ist [l'ordre des choses]. Um die Fähigkeit zu entwickeln, sie anzusprechen – unter der Voraussetzung, man würde über eine wahrhaft wissenschaftliche soziologische

[10] Im Französischen großgeschrieben. [fow]

Untersuchung ihrer Ideologie verfügen – müsste man also erst einmal ganz ausdrücklich die Dinge so darstellen, wie sie sind, und ihnen erklären, was der *Mai* 68 gewesen ist.

Was war denn der *Mai* 68 in Frankreich?

Eine Begegnung zwischen einem Generalstreik, der meines Wissens aufgrund der Anzahl der Beteiligten und seiner Dauer einen in der westlichen Geschichte noch nie dagewesenen Charakter trug, und Aktionen nicht nur von Studenten, sondern auch von Gymnasiasten und »Intellektuellen« (die nämlich junge »Geistesarbeiter« in Bewegung setzten wie Ärzte, Architekten, Künstler, Journalisten, Juristen, Ingenieure, Angestellte, unteres und mittleres Management usw.).

Innerhalb dieser Begegnung war *der Generalstreik der Arbeiter auf überwältigende Weise das absolut entscheidende Ereignis*, während die Aktionen nicht nur von Studenten, sondern auch von Gymnasiasten und »Geistesarbeitern« ihm zwar chronologisch vorausgegangen sind und ein neuartiges Ereignis von großer Bedeutung waren, die aber doch nachrangig blieben.

Man muss auch als Tatsache anerkennen, was allgemein verkannt wird, die Tatsache nämlich, dass – während für die Bourgeoisie, für ihre Eltern und für sich selber die Studenten mit ihren spektakulären Aktionen »im Rampenlicht gestanden« haben – die am tiefsten ansetzenden und komplexesten Aktionen ohne Zweifel von nicht-studentischen Schichten ausgegangen sind, von den Gymnasiasten, von den Schülern der Berufsschulzentren[11] und von den jungen »Geistesarbeitern«. In Verrets Artikel werden die Aktionen dieser Schichten gar nicht erwähnt.

Das war, so scheint mir, zumindest in großen Zügen, die historische Wirklichkeit, in der Reihenfolge der Wichtigkeit der je-

[11] Die französischen *Centres d'Éducation au Travail* (C.E.T.), nach dem Zweiten Weltkrieg zunächst als *Centres d'apprentissage* eingerichtet, auf die Althusser sich bezieht, unterschieden sich von deutschen Berufsschulzentren: Aufgrund des nicht dualen Charakters der Berufsbildung in Frankreich waren sie vollständig ins Schulwesen eingegliedert. Dennoch ist die Bewegung dieser Schüler mit der »Lehrlingsbewegung« in Deutschland zu vergleichen. [fow]

weiligen Aktionen, wie sie sich im *Mai* 68 begegnet sind, ohne dass es ihnen gelungen wäre, sich miteinander zu vereinigen.

Nun haben sich seit dem *Mai* 68, das heißt seit zehn Monaten, wenn man die Beschwörungen de Gaulles beiseitelässt, der seinerseits direkt auf die Arbeiter zielte, indem er die »totalitäre« Gefahr beschwor, die angeblich von ihnen ausging, alle *offiziellen* Scheinwerfer, ganz gleich ob bürgerlicher oder kleinbürgerlicher Prägung (in Gestalt einer enormen Menge an Literatur, die den Markt des nationalen und internationalen Verlagswesens abdeckt) – und zwar unglücklicherweise einschließlich einer ganzen Anzahl studentischer »Scheinwerfer« – ganz ausschließlich oder doch fast ausschließlich *auf den studentischen Mai gerichtet.*

Ganz genau auf den studentischen *Mai*, denn der *Mai* der Gymnasiasten oder der der Geistesarbeiter haben nicht das Recht auf die gleiche öffentliche Darstellung [publicité]. Im Gegenzug herrscht – mit Ausnahme der Veröffentlichungen der *Partei* und der Gewerkschaft C.G.T., die aber meines Wissens noch keine vertiefte und detaillierte soziologische Untersuchung darüber produziert haben, was in den verschiedenen Schichten von Werktätigen geschehen ist, aufgegliedert nach den unterschiedlichen Zweigen der Produktion und der Beschäftigung, und einzelner Reportagen – *ein fast völliges Stillschweigen* über den *Mai* der Arbeiter (über den *Mai* der Proletarier, wie dies Salini ganz richtig formuliert hat[12]).

Verret erreicht nun – ganz unabhängig davon, was seine eigenen Überzeugungen sind (deren Richtigkeit ich nicht bezweifle) – allein schon durch die Anordnung der Kapitel seiner Untersuchung und durch den Ort, den er dem Eingreifen des Arbeiterstreiks zuweist, ein Ergebnis, das er sicherlich selber nicht gewünscht hat: Es hilft nichts, dass er durch die Kritik der Illusionen der Studenten die Vorstellung korrigiert, welche sich die Studenten über das Verhältnis machen, das zwischen ihrer Idee eines Streiks (als »Streik per Analogie«) und dem Streik als

---

[12] Anspielung auf Laurent Salini: *Mai des Prolétaires*, Paris: Éditions Sociales, 1968. [fow]

solchem besteht, denn er weist dem Streik nicht wieder seinen wahrhaften Platz zu – m.a.W. er lässt nicht das wahrhafte *Verhältnis der Unterordnung* als solches hervortreten, in dem die studentischen und andere Aktionen zu dem Generalstreik der Arbeiter gestanden haben. Ob er es nun will oder nicht, aufgrund dieser Tatsache nährt er objektiv, trotz seiner oft formell durchaus triftigen Kritiken, die er daran formuliert, bei den Studenten, die ihn lesen, deren wichtigste Illusion im Rahmen ihrer eigenen »Interpretation« des *Mai.* Denn allzu viele Studenten sind immer noch spontan dazu versucht, die Geschichte des *Mai* auschließlich im Modus eines studentischen *Mai* zu schreiben, was ganz gewiss nichts ist, was der Bourgeoisie missfallen könnte – wo sie doch unter großem Druck steht, ihrerseits zu vergessen (und auch ihre Kinder vergessen zu lassen), dass ohne den erstaunlichen Streik von neun Millionen Arbeitern die Barrikaden des Quartier Latin vielleicht mehr Verletzungen hinterlassen hätten als immer noch lebendige, und zwar dauerhaft lebendige Hoffnungen und Träume, weil sie doch die Aktionen anregen, die hartnäckig und tiefgreifend waren, selbst wenn sie unkoordiniert geblieben sind, wie seit Oktober 68 vor allem in den Gymnasien, in den Berufsbildungszentren, in den Lehrerbildungsanstalten [Écoles normales] usw.

Wenn wir nun, nachdem wir alle diese Vorbehalte formuliert haben, uns auf eben das einlassen, was im Zentrum der Untersuchung von Verret steht, dann werden wir es nicht als das »soziale Imaginäre« der Studenten bezeichenen, sondern von *den ideologischen Strömungen* sprechen, die sich in den Aktionen der Studenten, der Gymnasiasten und der »Geistesarbeiter« im Mai 68 verwirklicht haben. Auch hier gibt Verret, befürchte ich, einer doppelten Illusion nach bzw. gibt er sich mit einem doppelten Mangel zufrieden.

1) Er behandelt in der Tat die studentische Ideologie, als ob sie bloß *eine* gewesen wäre. Indes weiß er durchaus und erklärt dies auch, dass das »studentische Milieu« aus unterschiedlichen Bestandteilen besteht, denn es umfasst – lassen wir einmal die 8 oder 9% an Arbeitersöhnen außer Betracht – die Kinder von sehr unterschiedlichen sozialen Schichten, von dem allerkleins-

ten Kleinbürgertum bis zum Großbürgertum und sogar bis hin zu den Resten der Aristokratie.

Wenn man nun berücksichtigt, dass sich nicht nur die Studenten, sondern auch junge »Geistesarbeiter« in bedeutender Anzahl an den Maiaktionen beteiligt haben, dann wird es schwierig, von einer Ideologie zu sprechen, falls man sie nicht zumindest als eine instabile Kombination mehrerer Strömungen betrachtet. In der Tat – um nur von den Studenten zu sprechen – gab es unter ihnen seit den Spaltungen, welche die *Union des Étudiants Communistes* (UEC) anlässlich der antiimperialistischen Kämpfe (Algerienkrieg, Guerillakämpfe in Lateinamerika, Vietnam) und der Spaltung der internationalen Bewegung erschüttert hatten, mehrere Strömungen mit sehr unterschiedlichen ideologischen Tendenzen, die sich zum einen auf den Anarchismus ([Bewegung des] 22. März[13]), zum anderen auf den Trotzkismus und zum weiteren auf den Guevarismus und auf die chinesische Kulturrevolution beriefen.

Diese Mannigfaltigkeit erklärt zum Teil die Schwankungen in den Aktionen der Studenten im *Mai*, ihre Zögerlichkeit und teilweise auch ihre Schwäche. Der Beweis dafür liegt einfach darin, dass der allergrößte Teil dieser Splittergruppen angesichts der Prüfung, die der *Mai* 68 für sie dargestellt hat, auseinandergebrochen oder einfach verschwunden ist. Gegenwärtig – und es ist noch nicht absehbar für wie lange noch – herrscht eine Ideologie des neo-luxemburgistischen Typs, die gegen die »Splittergruppen« und ganz allgemein organisationsfeindlich ist. Sie findet ihren ›Ersatz‹[14] für Organisation in Formen wie den Aktionskomitees, die jedenfalls in bestimmten Fällen durchaus nicht ohne Wirksamkeit bleiben.

Jede Untersuchung der studentischen Ideologie müsste demgemäß ihre Zusammengesetztheit aus allen diesen Bestandteilen berücksichtigen. Denn es ist zum Teil auch eine immer noch

[13] Die *Bewegung des 22. März* war eine libertäre Studentengruppe, zu deren Führern Daniel Cohn-Bendit gehörte, gegründet am 22. März 1968 in Nanterre. [fow]

[14] Verret spricht mit Recht von einem Prozess der Ersetzungen [substitutions].

in großen Schichten des studentischen Milieus verbreitete Illusion, dass es eine studentische Ideologie gibt. Man sollte die Bedeutung, wenn nicht schon die Kohärenz der studentischen Aktionen meiner Auffassung nach eher auf der Seite ihrer Zielsetzungen und tiefer schürfend auf der Seite der bestimmenden Ursachen für diese Aktionen suchen (über die ich mich weiter oben schon ganz knapp geäußert habe).

2) Verret scheint zu allem Überfluss auch noch zu glauben, dass die im studentischen Milieu im *Mai* herrschende Ideologie die »anarcho-syndikalistische« Ideologie gewesen ist – von der er merkwürdigerweise auch noch behauptet, dass sie die Massen-Ideologie des Anarchismus sei, als ob der Anarchismus nicht als solcher eine Massen-Ideologie sein könnte und zwar erst recht unter sozialen Schichten derart heterogenen Ursprungs wie jenen, aus denen die Studenten stammen. Er beruft sich auf die Parolen wie die der »Arbeitermacht«, der »Gewerkschaftsmacht« usw.

Nun war es aber nach meinem Kenntnisstand *die anarchistisch-libertäre Ideologie, die im Mai* unter den Studenten *geherrscht hat*, auch wenn es durchaus möglich ist, dass in einzelnen Zentren (wie etwa in Nantes, wo eine starke anarcho-syndikalistische Tradition im Arbeitermilieu herrscht) die Studenten anarcho-syndikalistische Parolen ausgegeben haben, welche aber doch, immer noch meines Wissens, vor allem von der CFDT und der PSU ausgegeben worden sind (»Arbeitermacht«, »Studentenmacht«, »Bauernmacht«). In Bezug auf die Gegenwart (März 1969) scheint mir die im ›avancierten‹ Kern des studentischen Milieus herrschende Ideologie eine vom Typ des Neoluxemburgismus zu sein, auch wenn die anarchistische Ideologie hier immer noch sehr stark bleibt, wenn nicht sogar in relativ elaborierten Formen immer noch an Boden gewinnt.

Jetzt muss ich auf das Prinzip zu sprechen kommen, das dem Beitrag Verrets als Orientierung zugrunde liegt, das heißt auf die fast ausschließlich kritische Form seines Artikels. Es ist ganz klar, dass es unverzichtbar ist, die Illusionen und die Irrtümer unserer Genossen Studenten zu kritisieren und zwar, wie Lenin dies angesichts des Linksradikalismus der Arbeiter gesagt hat,

»hart und streng«. Und dass es nicht angehen kann, »der Jugend schmeicheln zu wollen«. Aber ganz genau: Man muss auch der Tatsache in ihrer gesamten Bedeutung Rechnung tragen, dass derartige Irrtümer eben eine Kinderkrankheit darstellen – nicht der Arbeiterklasse, sondern der Jugend und zwar insbesondere der Jugend im Bildungswesen und der jungen »Geistesarbeiter«.[15] Man darf auch nicht *automatisch* diese Jugend mit den

---

[15] Wenn man vom Linksradikalismus spricht, und wenn man dabei das Werk zitiert, das Lenin dieser Frage gewidmet hat, dann muss man wissen, das Lenin vom Linksradikalismus der Arbeiter gesprochen hat – und nicht vom Linksradikalismus der Studenten.

Man muss sich vor allem daran erinnern, dass Lenin am Schluss seines Buches geschrieben hat: »Natürlich ist der Fehler des linken Doktrinarismus im Kommunismus gegenwärtig tausendmal weniger gefährlich und weniger folgenschwer als der Fehler des rechten Doktrinarismus« (LW 31, 90). Er fügte noch hinzu, dass der Linksradikalismus der Arbeiter eine Kinderkrankheit ist, die »unter gewissen Bedingungen leicht geheilt werden« kann (ebd.)

Ich riskiere hier eine *persönliche* Meinung.

Trotz der Unterschiede im Gegenstand (Linksradikalismus der Studenten anstelle desjenigen der Arbeiter) und in der historischen Lage [conjoncture] halte ich Lenins vergleichendes Urteil über die jeweils zu befürchtenden Gefahren *immer noch für gültig.* Und ich würde hinzufügen, dass vor allem im studentisch-intellektuellen Milieu der linke Doktrinarismus einen tausendmal weniger gefährlichen Irrtum darstellt als der Irrtum, der vom rechten Doktrinarismus dargestellt wird.

Im Gegenzug, würde ich gleich noch hinzufügen, laufen die Bedingungen der gegenwärtigen Lage durchaus Gefahr, eine »Heilbehandlung« dieses Irrtums äußerst schwierig zu machen – und sei es nur, weil die daran »Interessierten« bzw. eine *beträchtliche Anzahl unter ihnen* sich unter Berufung auf diese Lage ganz erbittert jeder derartigen »Behandlung« verweigern werden, wie sie ihnen von einigen angeboten wird – selbst unterstellt, dass diese ihnen wirklich helfen könnten. Diese Weigerung und die Formen, die sie annimmt, gehören zu den objektiven Elementen der Lage im »studentischen« Milieu, die nicht Ernst zu nehmen ganz unsinnig wäre – und sei es auch nur, um deren Gründe zu untersuchen, die nicht in die Zuständigkeit der »Psychologie« oder der »Psycho-Soziologie« fallen. Das wissen doch alle, die wirkliche Erfahrungen mit pädagogischer oder politischer Praxis im studentischen und erst recht im gymnasialen Milieu haben.

kleinen Gruppen verwechseln, welche den Versuch machen, ihre Führung zu übernehmen. Und eben so wenig ihre eigenen Bestrebungen und Reaktionen mit ihren »Parolen«. Denn uns sollte die Masse der schulischen und intellektuellen Jugend interessieren und zwar in ihren tieferen Tendenzen.

Ich denke also nicht, dass die von Verret in seinem Artikel angewandte Methode (negative Kritik in einer auf kalte Weise satirischen Form, ohne hinreichende Erklärungen und ohne eine Angabe von Auswegen) die allerbeste ist.

Was muss ein Kommunist also machen, zehn Monate nach dem *Mai*, um den Studenten zu helfen, die noch massiv in den Wirkungen ideologischer Illusionen befangen sind, mit denen sie so gut es eben ging, ihre manchmal abenteuerlichen, aber immer mutigen und gelegentlich heroischen Aktionen abgedeckt haben? Lenin setzt uns hier auf die richtige Spur, in einem Text von 1916, den Salini zitiert:

»Aber zu dem Mangel an theoretischer Klarheit bei *solchen* Menschen [der »stets stürmischen, überschäumenden, suchenden Jugend«, fow] müssen wir uns ganz anders verhalten, als wir uns verhalten – und verhalten müssen – zum theoretischen Durcheinander in den Köpfen und in den Herzen unserer OK-Leute, der ›Sozialrevolutionäre‹, der Tolstoianer, der Anarchisten, der Kautskyaner (des ›Zentrums‹) in ganz Europa usw. Bei den einen handelt es sich um erwachsene Menschen, die das Proletariat verwirren und sich anmaßen, andere zu führen und zu belehren; gegen diese muss man einen *rücksichtslosen* Kampf führen. Bei den anderen handelt es sich um Organisationen der *Jugend*, die offen erklären, dass sie noch lernen, dass es ihre Hauptaufgabe ist, Funktionäre der sozialistischen Parteien heranzubilden. *Solchen Menschen muss auf jede Weise geholfen werden, ihren Fehlern muss man möglichst viel Geduld entgegenbringen, man muss sich bemühen, diese Fehler nach und nach und in der Hauptsache nicht durch Kampf, sondern durch Überzeugung zu korrigieren.* [Hervorhebung L.A., fow] Es kommt oft vor, dass Vertreter der Generation der Erwachsenen und Alten es *nicht verstehen*, in richtiger Weise an die Jugend heranzutreten, die sich zwangsläufig auf *anderen* Wegen dem Sozialismus nähert, nicht auf *dem* Wege, *nicht in der Form*, *nicht in der* Situation wie ihre Väter.« (LW 23, 164)

Ich weiß wohl, dass die Bedingungen des März 1969 nicht die von 1916 sind, und auch, dass es zweifellos viel schwieriger als damals ist, seine Geduld zu beweisen, angesichts gewisser systematischer Angriffe, die ganz direkt die *Partei* und die CGT aufs Korn nehmen. Ich denke aber, dass die Empfehlung Lenins uneingeschränkt gültig geblieben ist, selbst noch in einer Situation, in der die kommunistische Weltbewegung zu allem Überfluss auch noch von einer schwerwiegenden Spaltung zerrissen wird (1916 war die Lage in dieser Hinsicht auch nicht gerade brillant). Ich denke nicht, dass es richtig ist, sich damit zufrieden zu geben, von oben herab, mit der Selbstgewissheit, welche die politische Erfahrung eines »reifen Mannes« gibt, eine studentische und auch sonstige Jugend zu kritisieren, die noch auf der Suche nach ihrem Weg ist – und zwar in einer Lage, die nicht allein für sie »schwierig« ist.

Denn schließlich scheint mir, dass wir, wenn wir die wesentlichen Elemente der Situation berücksichtigen wollen, in der diese Jugend ihren Weg sucht, zwei Tatsachen bedenken – und ihnen dabei wirklich rückhaltlos ins Gesicht schauen müssen:

1) Die ideologische Revolte der Jugend im Bildungswesen, die ihren Scheitelpunkt im *Mai* in Frankreich erreicht hat, hat schon seit 10 bis 15 Jahren an mehreren Orten der ganzen Welt begonnen. Ganz offensichtlich handelt es sich um eine ganz andere Art von Ereignis, als dies die kurzlebigen ästhetisierenden Revolten der Jahre von 1920-25 gewesen sind – und sogar als die Vereinnahmung der Jugend durch die faschistischen Bewegungen vor dem letzten Krieg. Dies ist in der Tat eine weltweite Revolte und sie ist ganz unbestreitbar auch eine insgesamt, trotz gewisser Abgänge, so schwer sie auch wiegen, *von Grund auf progressive Bewegung*, die, historisch betrachtet, innerhalb des weltweiten Klassenkampfes gegen den Imperialismus eine keineswegs zu vernachlässigende Größe darstellt. Sie führt in der Tat einen wirksamen Schlag gegen den Apparat zur Eintrichterung der bürgerlichen Ideologie, wie ihn das bürgerliche Bildungswesen im allerhöchsten Grade darstellt. Wir haben allen

Grund dafür, uns auf den Gedanken einzulassen, dass diese Revolte noch eine wahrhafte und dauerhafte Zukunft vor sich hat, selbst wenn sie schwere Niederlagen erleidet. Die grundlegende Frage, vor der diese revoltierende Jugend steht, ist einfach die folgende: Wird es ihr gelingen – in Taten und nicht nur in Worten –, ihre Vereinigung [fusion] mit der Arbeiterbewegung zu vollziehen? Wird sie Gelegenheit haben, diese Vereinigung herbeizuführen?

2) Nun hat aber ganz genau diese erstaunliche Jugend im *Mai* den gigantischen Kampf führen müssen, der ihre eigenen Kräfte überstieg und in den sie sich in einer objektiv dramatischen Lage verwickelt hat: verlassen, auf ihre eigenen Kräfte zurückgeworfen und also ganz allein.

Hier haben wir es mit einer objektiven Tatsache zu tun, die wir sehr aufmerksam betrachten müssen.

Diese Tatsache liegt darin, dass unsere kommunistischen Parteien – außer in China, wo die *Leitung* der Volksfront sich an die Spitze der ideologischen Revolte der Jugend gesetzt (oder sie gar initiiert?) hat, in einem Kontext, der sich von dem unsrigen absolut unterscheidet und mit Zielsetzungen, welche unserer Lage nicht entsprechen – vorab bereits von der Krise der kommunistischen Studentenorganisation[en] ergriffen worden waren und *praktisch den Kontakt zu der großen Masse der Jugend im Bildungswesen verloren hatten.*

Nun habe ich nirgends gesehen, dass man diese Tatsache nicht nur zur Kenntnis,[16] sondern sie wirklich ernst genommen und von Grund auf untersucht hätte – und zwar nicht nur als eine Tatsache unserer eigenen Geschichte, sondern auch noch als eine Tatsache, die weit über die Grenzen dieses Landes hinausreicht. Denn diese ideologische Revolte hat seit mehreren Jahren

[16] Waldeck-Rochet [von 1964 bis 1972 Generalsekretär der PCF – fow] hat sie für Frankreich zur Kenntnis genommen, in einem Bericht an das ZK vom 8. Juli 1968, in dem er formulierte. »Bis jetzt hat unsere *Partei* in den studentischen Milieus einen *zwar gewiss nicht zu vernachlässigenden, aber doch deutlich unzureichenden Einfluss ausgeübt.* Das hat sich in der jüngsten Bewegung natürlich negativ zur Geltung gebracht.«

nicht nur die kapitalistischen Länder ergriffen, sondern selbst gewisse sozialistische Länder. Ich habe keine Kenntnis von irgendeiner konkreten, systematischen und vertieften Untersuchung der konkreten Situation im nationalen und im weltweiten Maßstab, welche zu diesem Kontaktverlust geführt hat, der doch sehr großen Schaden anrichtet, nicht nur für den Kampf der Arbeiterbewegung, sondern durchaus auch und vor allem für die Jugend im Bildungssystem selber.

Ich weiß wohl, dass die *Partei* seit dem *Mai* große Anstrengungen unternommen hat, um einen Kontakt wiederherzustellen, der im *Mai* und damit in einem entscheidenden Moment des Klassenkampfes verloren gegangen war; aber da es keine konkrete, systematische und vertiefte Analyse der Situation gibt, welche zu dieser bedauerlichen Entwicklung geführt hatte, habe ich allen Grund zu der Befürchtung, dass die neuen Kontakte, wie sie gegenwärtig geknüpft werden, auf gewissen Unklarheiten [équivoques] und Unterlassungen beruhen, die uns eines Tages mehr oder minder teuer zu stehen kommen werden, auch wenn es zu Siegen kommen wird, welche zum Teil den Charakter von »Pyrrhus-Siegen« haben werden. Denn man kann, getreu der richtigen leninistischen Lehre, nur unter der absoluten Bedingung einen Irrtum korrigieren oder auch eine Lücke schließen, welche einen Irrtum anzeigt, dass man nämlich zunächst die Ursachen für diesen Irrtum bis in seine Wurzeln hinein untersucht.

Was ich über die Lage der Studenten [situation étudiante] gesagt habe, gilt in gleicher Weise unter Beachtung der Größenverhältnisse auch für die Lage der Arbeiterklasse als solcher im *Mai*. Wenn wir einmal mehr konkrete Analysen darüber vorliegen hätten, was im *Mai* unter den unterschiedlichen Schichten der Werktätigen und in den verschiedenen Zweigen von Produktion und Beschäftigung geschehen ist, dann könnten wir den Studenten in bedeutendem Umfang dabei helfen, die großenteils illusionäre Vorstellung zu berichtigen, die sie sich von der Arbeiterklasse, von den Bedingungen, unter denen sie existiert und kämpft, sowie von ihren Rhythmen, ihren Erfahrungen und auch von ihrem Vertrauen und ihrem Misstrauen machen.

Ich glaube, ich kann – wenn ich alles sorgfältig bedenke – die Behauptung vertreten, dass dieses Fehlen einer umfassenden, systematischen und zugleich detaillierten Untersuchung der Ursachen für den Kontaktverlust, den es zwischen der *Partei* und der Jugend im Bildungswesen gegeben hat, einerseits, und das unzureichende Ausmaß an detaillierten Untersuchungen der Aktionen der Arbeiterbewegung im Mai, andererseits, beide dazu beigetragen haben, die Aktionen der Jugend im Bildungswesen und unter den Geistesarbeitern im Mai und seit dem Mai sich selber zu überlassen, und ganz besonders dazu, dass sie sich blindlings, zunächst im Mai und dann auch danach, gerade wegen ihres Großmuts in die archaischen Illusionen der anarchistischen bzw. dem Anarchismus nahestehenden Ideologie gestürzt hat, wie sie gegenwärtig herrscht.

Das alles bringt mich zu einer Schlussfolgerung, die meiner Absicht gemäß – in Befolgung von Lenins Ratschlag – nicht nur kritisch, sondern vor allem positiv ausfallen soll, auch wenn sie erst einmal (aufgrund der nur begrenzt verfügbaren Informationen) *programmatisch* bleiben muss.

Ich bin davon überzeugt, dass man – nachdem erst einmal alles wieder vom Kopf auf die Füße gestellt ist (d.h. nach dem einmal wieder das absolute historische Primat des Generalstreiks über die studentischen Aktionen des Mai herausgestellt und demonstrativ unterstrichen wurde) – die ideologische Revolte der Jugend im Bildungswesen und der jungen Geistesarbeiter äußerst ernsthaft betrachten muss, die schon lange Zeit in der gesamten Welt und in Frankreich herangereift war, um dann hier und dort (in der Türkei, in Japan, in Deutschland, in Italien, in Spanien, in den USA usw.) auf eine spektakuläre Art und Weise auszubrechen und dann, dank dem Generalstreik, ihren Scheitelpunkt im *Mai* in Frankreich zu erreichen.

Man muss die – nationalen und internationalen – Ursachen von Grund auf untersuchen, die zu dieser ideologischen Revolte geführt haben, welche, selbstverständlich auf ihrer Ebene betrachtet, ein in der Geschichte noch nie dagewesenes Ereignis darstellt, das irreversibel bleibt.

Man muss auch – ohne sich vor dieser schwierigen Aufgabe zu drücken – von Grund auf die Ursachen dafür untersuchen, dass die kommunistischen *Parteien* im nationalen wie im internationalen Maßstab den ideologischen und politischen Kontakt zu der Jugend im Bildungswesen und der intellektuellen Jugend verloren haben.

Man muss diese Analysen dann auch ganz detailliert öffentlich zur Diskussion stellen und auch, *falls das denn zutreffen sollte*, einfach den Mut dafür aufbringen, von der Analyse zur Selbstkritik überzugehen – und die ideologischen und politischen Konsequenzen ziehen, die sich ergeben werden. Falls das nicht geschieht, dann läuft die Kluft, wie sie sich im Mai zwischen der Partei der Arbeiterklasse und der Jugend im Bildungswesen bzw. der intellektuellen Jugend aufgetan hat, schlichtweg Gefahr, entweder gar nicht wirklich geschlossen zu werden oder aber nur eher schlecht als recht geschlossen zu werden – und das hieße eben wirklich schlecht, mit allen Verlusten und allen Verletzungen, welche das nach sich zöge.

Auf diesem Wege können wir »mit Geduld und besser durch Überzeugungsarbeit als durch Bekämpfung« [von Irrtümern, fow] mit aller Kraft unseren jungen studentischen Genossen dabei helfen, einen Ausweg aus den gravierenden Schwierigkeiten zu finden, mit denen sie sich herumschlagen müssen. Gewiss muss man auch – und zwar in aller Schärfe, wo dies angebracht ist – deren Irrtümer kritisieren; aber man darf ihre Irrtümer nur zu dem Zweck kritisieren, um ihnen positiv dabei zu helfen, das zu erreichen, was die Mehrheit unter ihnen als erklärtes Ziel verfolgt, nämlich die Klassenstandpunkte der Arbeiterklasse einzunehmen.

Nun kann man ihnen nur positiv helfen, indem man sie kritisiert, aber dies nur unter einer dreifachen Bedingung:
1) Sie sind im Einzelnen mit den Aktionen der Arbeiterklasse bekannt zu machen, das heißt mit ihren Prinzipien, ihren Traditionen und auch mit ihren Kampfformen, die oft für eine Jugend verwirrend sind, die offensichtlich noch keine direkten Erfahrungen mit der Arbeiterklasse und mit der Arbeiterbewegung gemacht hat; sie sind dazu zu bringen, die Notwendigkeit einer

politischen Führungsrolle der Arbeiterklasse im revolutionären Kampf einzusehen;
2) die noch nie dagewesene Neuheit, die Wirklichkeit und die Bedeutung der Aktionen dieser ideologischen Revolte der Jugend im Bildungswesen und der intellektuellen Jugend sind anzuerkennen, die objektiv den revolutionären Kampf der Arbeiterklasse im internationalen wie im nationalen Maßstab unterstützen; der Arbeiterklasse ist diese Wirklichkeit zur Kenntnis zu bringen.
3) Es sind die erforderlichen wissenschaftlichen Erklärungen zu liefern, die es allen – einschließlich der Jugendlichen – ermöglichen, in Bezug auf die von ihnen erlebten Ereignisse klar zu sehen und sich, wenn sie das wirklich wollen, auf einer richtigen Grundlage im Klassenkampf orientieren zu können, indem wir ihnen richtige Perspektiven eröffnen und ihnen die ideologischen und politischen Mittel für ein richtiges Handeln an die Hand geben.

Paris, den 15. März 1969

# Ideologie und ideologische Staatsapparate

(Notizen für eine Untersuchung)

[…][1]

## Über die Reproduktion der Produktionsbedingungen[2]

Wir müssen nun etwas als solches zur Erscheinung bringen, das wir in unserer Analyse bisher nur blitzartig haben aufleuchten sehen – als wir nämlich von der Notwendigkeit sprachen, die Produktionsmittel zu erneuern, damit die Produktion möglich bleibt. Das war ein Hinweis im Vorübergehen. Wir werden ihm jetzt als solchem nachgehen.

Wie Marx sagte, weiß jedes Kind, dass eine Gesellschaftsformation, die nicht zur gleichen Zeit, wie sie produziert, auch ihre Produktionsbedingungen reproduziert, kein Jahr überleben würde.[3] Die letzte Produktionsbedingung besteht also in der Reproduktion der Produktionsbedingungen. Diese kann »einfach« sein (indem sie gerade nur die Bedingungen der vorhergegangenen Produktion reproduziert) oder auch »erweitert« (indem sie diese ausweitet). Aber lassen wir noch einen Augenblick diese letzte Unterscheidung beiseite.

Was ist also die Reproduktion der Produktionsbedingungen?

Wir dringen hier in einen Bereich vor, der zugleich sehr gut bekannt ist (seit dem zweiten Band des *Kapital)* und der doch

---

[1] Diese Auslassungszeichen stehen für die Grenzen zwischen den zusammengefügten Textstücken, wie sie in der Übersetzung von Schöttler markiert sind. [fow]

[2] Dieser Text besteht aus zwei Auszügen aus einer laufenden Untersuchung. Der Autor hat darauf bestanden, sie als »Notizen für eine Untersuchung« zu bezeichnen. Die dargestellten Gedanken sind als nicht mehr denn als Beiträge zur Eröffnung einer Debatte zu betrachten. (Anmerkung der Redaktion [von *La Pensée*])

[3] Marx an Kugelmann, 11. Juli 1868, MEW 32, S. 552.

einzigartig verkannt wird. Unser alltägliches »Bewusstsein« ist derart von Evidenzen (als von ideologischen Evidenzen des empiristischen Typs) durchdrungen, die fest im alleinigen Standpunkt der Produktion verankert sind, d.h. alles wird von der einfachen Produktionspraxis aus betrachtet (die selbst noch einmal im Verhältnis zum Produktionsprozess abstrakt ist), dass es äußerst schwierig, um nicht zu sagen fast unmöglich ist, sich überhaupt bis zum Standpunkt der Reproduktion zu erheben. Jedoch bleibt außerhalb dieses Standpunktes alles abstrakt (d.h. es ist mehr als nur einseitig, es ist deformiert). Das gilt selbst auf der Ebene der Produktion und erst recht auf der der einfachen Praxis.

Machen wir doch den Versuch, die Dinge methodisch anzugehen.

Um unsere Darstellung zu vereinfachen (und unter der Voraussetzung, dass jede Gesellschaftsformation von einer herrschenden Produktionsweise abhängt), können wir sagen, dass der Produktionsprozess die in und unter bestimmten Produktionsverhältnissen bestehenden Produktivkräfte ans Werk setzt.

Daraus folgt, dass jede Gesellschaftsformation, um überhaupt zu existieren, zur gleichen Zeit, wie sie produziert, und um produzieren zu können, ihre Produktionsbedingungen reproduzieren muss. Sie muss also reproduzieren:

die [in ihr existierenden] Produktivkräfte
die existierenden Produktionsverhältnisse.

### *Reproduktion der Produktionsmittel*

Alle Welt erkennt inzwischen an (einschließlich der bürgerlichen Ökonomen, die an der wirtschaftlichen Gesamtrechnung arbeiten, oder auch der modernen »makroökonomischen Theoretiker«), weil Marx im zweiten Band des *Kapital* den Nachweis dafür geführt hat, dass keine Produktion möglich ist, ohne dass die Reproduktion der materiellen Produktionsbedingungen gewährleistet ist: die Reproduktion der Produktionsmittel.

Jeder beliebige Ökonom, der sich darin auch nicht von jedem beliebigen Kapitalisten unterscheidet, weiß doch, dass man jedes Jahr für den Ersatz alles dessen Vorsorge tragen muss, was in der Produktion vernutzt oder abgenutzt wird: Rohstoffe, feste Anlagen (Gebäude), Produktionsinstrumente (Maschinen) usw. Wir sagen: jeder beliebige Ökonom = jeder beliebige Kapitalist, weil sie beide den Standpunkt des Unternehmens vertreten, indem sie sich damit begnügen, die Begriffe zu erläutern, in denen sich die finanzielle Buchhaltungspraxis des Unternehmens vollzieht.

Aber dank dem Genie von Quesnay, der als erster dieses »in die Augen springende« Problem als solches formuliert hat, und dank dem Genie von Marx, der es gelöst hat, wissen wir, dass die Reproduktion der materiellen Produktionsbedingungen nicht auf der Ebene des Unternehmens als solche durchdacht werden kann, denn diese Reproduktion existiert dort nicht in ihren realen Bedingungen. Was auf der Ebene des Unternehmens geschieht, ist eine Auswirkung, die uns als solche nur auf den Gedanken der Notwendigkeit der Reproduktion bringt, es uns aber keineswegs erlaubt, deren Bedingungen und Mechanismen als solche zu denken.

Ein kurzer Augenblick des Nachdenkens genügt bereits, um sich davon zu überzeugen: Herr X als Kapitalist, der in seiner Weberei Wollstoffe produziert, muss seinen Rohstoff, seine Maschinen usw. »reproduzieren«. Er ist es aber nicht, der sie für seine Produktion produziert, sondern das tun andere Kapitalisten: ein großer Schafzüchter in Australien, Herr Y, ein Großunternehmer der Metallindustrie, der Werkzeugmaschinen herstellt, Herr Z. usw. usf. Diese Herren müssen ihrerseits, um die Produkte zu produzieren, welche zur Reproduktion der Produktionsbedingungen von Herrn X gehören, wiederum ihre eigenen Produktionsbedingungen reproduzieren usw. Dies setzt sich bis ins Unendliche fort – wobei das Ganze derartige Proportionen annimmt, dass allein noch auf dem nationalen Markt, wenn nicht gar erst auf dem Weltmarkt, die Nachfrage nach Produktionsmitteln (für die Reproduktion) durch das Angebot befriedigt werden kann.

Um diesen Mechanismus, der in eine endlose Folge einmündet, wie ein »endloses Garn«, als solchen denken zu können, muss man dem von der »Gesamtheit« ausgehenden Ansatz von Marx folgen und insbesondere die Verhältnisse der Kapitalzirkulation zwischen dem Sektor I (Produktion der Produktionsmittel) und dem Sektor II (Produktion der Konsumtionsmittel) und den Prozess der Realisierung des Mehrwerts studieren, wie sie im zweiten und dem dritten Band des *Kapital* dargestellt sind.

Wir werden in die Untersuchung dieser Frage jetzt nicht näher eintreten. Es genügt uns hier, erwähnt zu haben, dass die Notwendigkeit der Reproduktion der materiellen Produktionsbedingungen existiert.

### *Reproduktion der Arbeitskraft*

Es gibt jedoch etwas, was unvermeidlich den Leser überrascht, hat überraschen müssen: Wir haben von der Reproduktion der Produktionsmittel gesprochen – aber nicht von der Reproduktion der Produktivkräfte. Wir haben also stillschweigend die Reproduktion dessen übergangen, was die Produktivkräfte von den Produktionsmitteln unterscheidet, nämlich die Reproduktion der Arbeitskraft.

Wenn auch schon die Beobachtung dessen, was sich im Unternehmen vollzieht, insbesondere die Untersuchung der finanziellen Buchhaltungspraxis der Vorträge von Amortisations- und Investitionskosten, uns ein ungefähres Bild von der Existenz des materiellen Reproduktionsprozesses geben konnte, so dringen wir jetzt in einen Bereich vor, für den die Beobachtung dessen, was sich im Unternehmen abspielt, wenn auch nicht vollständig, so doch fast gänzlich blind ist, und zwar aus einem guten Grund: Die Reproduktion der Arbeitskraft erfolgt im Wesentlichen außerhalb des Unternehmens.

Wie wird denn die Reproduktion der Arbeitskraft gewährleistet?

Sie wird dadurch gewährleistet, dass der Arbeitskraft das materielle Mittel dafür an die Hand gegeben wird, sich zu reproduzieren: durch den Lohn. Der Lohn taucht in der Buchhaltung jedes Unternehmens auf, aber als »das für die Arbeit aufgewendete Kapital«[4] und keineswegs als Bedingung für die materielle Reproduktion der Arbeitskraft.

Dennoch »bewirkt« er eben dieses, denn im Lohn stellt sich nur derjenige Teil des durch die Verausgabung der Arbeitskraft produzierten Wertes dar, der zu ihrer Reproduktion unbedingt erforderlich ist. Verstehen wir das richtig: unbedingt erforderlich zur Wiederherstellung der Arbeitskraft des Lohnarbeiters (für seine Wohnung, seine Kleidung und seine Nahrung; kurz alles, was er braucht, um sich am nächsten Morgen – an jedem Morgen, den Gott werden lässt – wieder am Fabrikschalter melden zu können); fügen wir hinzu: unbedingt erforderlich zur Aufzucht und Erziehung der Kinder, durch die sich der Proletarier als Arbeitskraft reproduziert (in x Exemplaren: *x* kann dabei den Wert von 0, 1, 2, usw. annehmen).

Erinnern wir daran, dass dieses Wertquantum (der Lohn), das zur Reproduktion der Arbeitskraft erforderlich ist, nicht allein durch die Bedürfnisse eines »biologischen« Mindesteinkommens, sondern durch die Bedürfnisse eines historischen Minimums (Marx hat darauf hingewiesen, dass die englischen Arbeiter Bier und die französischen Wein brauchen), also historisch veränderbar ist.

Wir sollten auch darauf hinweisen, dass dieses Minimum doppelt historisch bestimmt ist, insofern es nicht einfach durch die von der Kapitalistenklasse »anerkannten« historischen Bedürfnisse der Arbeiterklasse definiert wird, sondern durch die im proletarischen Klassenkampf durchgesetzten historischen Bedürfnisse (ein doppelter Klassenkampf: gegen die Verlängerung der Arbeitszeit und gegen die Absenkung der Löhne).

Dennoch genügt es nicht, der Arbeitskraft die materiellen Bedingungen ihrer Reproduktion zu gewährleisten, damit sie als Arbeitskraft reproduziert wird. Wir haben gesagt, dass die zur Verfügung stehende Arbeitskraft »kompetent« sein muss, d.h.

---

[4] Marx hat dafür den wissenschaftlichen Begriff geschaffen: *das variable Kapital.*

sie muss dazu fähig sein, im komplexen System des Produktionsprozesses eingesetzt zu werden. Die Entwicklung der Produktivkräfte und der Typ ihrer Einheit, wie er zu einem gegebenen Zeitpunkt für die Produktivkräfte konstitutiv ist, führen zu dem Ergebnis, dass die Arbeitskraft (unterschiedlich) qualifiziert sein muss und also als solche zu reproduzieren ist. Diese Unterschiedlichkeit bedeutet: je nach den Erfordernissen der gesellschaftlich-technischen Arbeitsteilung, d.h. an ihren verschiedenen »Arbeitsplätzen« und »Stellen«.

Wie aber wird diese Reproduktion der (unterschiedlich ausgestalteten) Qualifikation der Arbeitskraft unter der Kapitalherrschaft gewährleistet? Im Unterschied zu den Gesellschaftsformationen der Sklaverei und der Leibeigenschaft weist diese Reproduktion der Qualifikation der Arbeitskraft die Tendenz auf (es handelt sich um ein tendenzielles Gesetz), nicht mehr »am Arbeitsplatz« gewährleistet zu werden (Anlernen in der Produktion als solcher), sondern mehr und mehr außerhalb der Produktion zu erfolgen: durch das kapitalistische Schulsystem und durch andere Instanzen und Institutionen.

Was aber lernt man in der Schule? Man gelangt mehr oder weniger weit in der Ausbildung, aber man lernt auf jeden Fall das Lesen, das Schreiben und das Rechnen – also einige Techniken. Und darüber hinaus noch einige andere Dinge, einschließlich von Anfangsgründen (die rudimentär oder im Gegenteil auch gründlich ausfallen können) einer »wissenschaftlichen« oder einer »literarischen Bildung« [culture], wie sie an verschiedenen Positionen in der Produktion direkt anwendbar sind (es gibt eine Ausbildung für die Arbeiter, eine andere für die Techniker, eine dritte für die Ingenieure und eine weitere für das Management und die leitenden Angestellten usw.). Man lernt also gewisse Arten von Know-how [savoir-faire].

Daneben und auch bei Gelegenheit dieses Erlernens von Techniken und Kenntnissen lernt man auf der Schule die »Regeln« des anständigen Betragens, d.h. desjenigen Verhaltens, das jeder Träger der Arbeitsteilung einhalten muss, je nach der Position, welche ihm darin einzunehmen »bestimmt« ist: Regeln der Moral, des staatsbürgerlichen und beruflichen Bewusstseins, was im Klartext heißt: Regeln der Beachtung der gesellschaftlich-technischen Arbeitsteilung und damit letztlich auch Regeln der durch die Klassenherrschaft etablierten Ordnung. Man lernt dort auch »gut französisch zu sprechen«, gut »Texte zu verfassen«, d.h. faktisch (für die zukünftigen Kapitalisten und ihre Diener) »gut zu kommandieren«, d.h. (was die Ideallösung wäre) gut zu den Arbeitern »zu sprechen« usw.

Um diese Tatsache in einer eher wissenschaftlichen Sprache auszusprechen, sagen wir, dass die Reproduktion der Arbeitskraft nicht nur die Reproduktion ihrer Qualifikation erfordert, sondern zugleich auch eine Reproduktion ihrer Unterwerfung unter die Regeln der etablierten Ordnung, d.h. für die Arbeiter die Reproduktion ihrer Unterwerfung unter die herrschende Ideologie und für die Akteure der Ausbeutung und Unterdrückung eine Reproduktion der Fähigkeit, die herrschende Ideologie gut zu handhaben, um auch »durch das Wort« die Herrschaft die herrschende Klasse abzusichern.

Mit anderen Worten: Die Schule (aber auch andere staatliche Institutionen wie die Kirche oder andere Apparate wie die Armee) lehren eine bestimmte Arten von »Know-How«, aber in solchen Formen, dass dadurch die *Unterwerfung unter die herrschende Ideologie* oder die Meisterschaft in ihrer praktischen Ausübung [»pratique«] gesichert werden. Alle Akteure der Produktion, der Ausbeutung und der Unterdrückung – von den »professionellen Ideologen« (Marx) ganz zu schweigen – müssen auf die eine oder andere Weise von dieser Ideologie »durchdrungen« sein, um »gewissenhaft« ihre Aufgabe wahrzunehmen – sei es als Ausgebeutete (die Proletarier) oder als Ausbeuter (die Kapitalisten), als Gehilfen der Ausbeutung (die Manager), als Hohepriester der herrschenden Ideologie (deren »Funktionäre«) usw.

Die Reproduktion der Arbeitskraft lässt also deutlich in Erscheinung treten, dass ihre *conditio sine qua non* nicht nur in der Reproduktion ihrer »Qualifikation« besteht, sondern auch in der Reproduktion ihrer Unterwerfung unter die herrschende Ideologie oder auch der »Praxis« dieser Ideologie. Allerdings ist hier die folgende Präzisierung nötig: dass es nicht genügt, »nicht nur, sondern auch« zu sagen, denn es tritt deutlich hervor, dass *die Reproduktion der Qualifikation der Arbeitskraft in und unter den Formen der ideologischen Unterwerfung gewährleistet wird.*

Aber damit erkennen wir an, dass sich hierin die Gegenwart einer neuen Realität wirksam zur Geltung bringt: die *Ideologie.*

Dazu werde ich zwei Bemerkungen vorstellen.

Die erste dient dem Zweck, festzuhalten, wie weit wir in unserer Analyse der Reproduktion gekommen sind.

Wir haben ganz knapp die Formen der Reproduktion der Produktivkräfte untersucht, d.h. der Produktionsmittel einerseits und der Arbeitskraft andererseits.

Aber wir haben die Frage der *Reproduktion der Produktionsverhältnisse noch nicht einmal angeschnitten.* Diese Frage ist aber eine *Kernfrage* der marxistischen Theorie der Produktionsweise. Sie stillschweigend zu übergehen, ist ein theoretisches Versäumnis – schlimmer: ein schwerer politischer Fehler.

Wir werden also darauf noch näher eingehen. Aber um uns die Mittel dafür zu verschaffen, darüber reden zu können, müssen wir ein weiteres Mal einen großen Umweg machen.

Die zweite Bemerkung ist einfach die, dass wir, um diesen Umweg zu machen, dazu gezwungen sind, unsere alte Frage erneut zu stellen: Was ist eine Gesellschaft?

## Basis und Überbau

Wir haben bereits Gelegenheit dazu gehabt,[5] auf dem revolutionären Charakter der marxistischen Auffassung vom »gesellschaftlichen Ganzen« in ihrem Unterschied zur hegelianischen »Totalität« zu bestehen. Wir haben gesagt (und diese These tat nichts weiter, als eben die berühmten Behauptungen des historischen Materialismus wieder aufzugreifen), dass Marx die Struktur jeder Gesellschaft als konstituiert durch verschiedene »Ebenen« oder »Instanzen« auffasst, welche durch eine spezi-

[5] In *Für Marx* und *Das Kapital lesen*, Paris: Maspéro 1965.

fische Determination miteinander artikuliert sind: der *Unterbau* oder die ökonomische *Basis* (als »Einheit« der Produktivkräfte und der Produktionsverhältnisse) und der *Überbau,* der seinerseits zwei »Ebenen« oder »Instanzen« enthält: das Juristisch-Politische (das Recht und den Staat) und die Ideologie (die unterschiedlichen Ideologien: religiöse, moralische, juristische, politische usw.).

Außer ihrem theoretisch-pädagogischen Nutzen (der den Unterschied zwischen Marx und Hegel sichtbar macht) hat diese Vorstellung den folgenden entscheidenden theoretischen Vorteil: Sie erlaubt es, in die theoretische Anordnung ihrer grundlegenden Begriffe das einzuschreiben, was wir ihren *jeweiligen Wirksamkeitsindex* genannt haben. Was soll man darunter verstehen?

Jeder kann sich leicht davon überzeugen, dass diese Darstellung der Struktur jeder Gesellschaft als ein Gebäude mit einer Basis (als Unterbau), über der sich die beiden »Stockwerke« des Überbaus erheben, eine Metapher ist, ganz genau, eine räumliche Metapher: die Metapher einer Topik.[6] Wie jede Metapher legt sie etwas nahe und macht es sichtbar. Was? Genau das Folgende: dass die beiden oberen Etagen sich nicht alleine (in der Luft) »halten« könnten, wenn sie nicht im Wortsinne auf ihrer Basis aufruhen würden.

In der Metapher des Gebäudes geht es also darum, vor allem die »Determinierung in letzter Instanz« durch die ökonomische Basis darzustellen. Diese räumliche Metapher bewirkt also, dass der Basis ein Wirksamkeitsindex zugeschrieben wird, wie dies in den berühmten Worten von der Determinierung in letzter Instanz des Geschehens in den »Stockwerken« (des Überbaus) durch das, was in der ökonomischen Basis geschieht, bekannt geworden ist. Ausgehend von diesem Wirksamkeitsindex als »in letzter Instanz wirksam« für die Basis werden den »Stockwer-

---

[6] *Topik*, vom griechischen Wort *topos*: Ort. Eine Topik stellt in einem definierten Raum die Orte dar, die von dieser oder jener Realität besetzt werden: So ist das Ökonomische *unten* [en bas] (die Basis) und der Überbau *oben*.

ken« des Überbaus offensichtlich ganz andere Wirksamkeitsindizes zugeordnet. Um welche Art von Indizes geht es hier?

Man kann sagen, dass die Stockwerke des Überbaus nicht in letzter Instanz determinierend sind, sondern ihrerseits determiniert werden durch die Wirksamkeit der Basis; dass sie also, wenn sie auf ihre eigene (noch nicht definierte) Weise determinierend sind, insofern determinierend sind, als sie selbst durch die Basis determiniert sind.

Ihr Wirksamkeitsindex (oder auch ihr Determinierungsindex), als bestimmt durch die Determination in letzter Instanz durch die Basis, wird in der marxistischen Tradition in zwei Formen *gedacht*: 1) Es gibt eine »relative Autonomie« des Überbaus im Verhältnis zur Basis; 2) es gibt eine »Rückwirkung« des Überbaus auf die Basis.

Wir können also sagen, dass der große theoretische Vorteil der marxistischen Topik, also der räumlichen Metapher vom Gebäude (Basis und Überbau), darin liegt, sichtbar zu machen, dass die Fragen der Determination (oder des Wirksamkeitsindexes) von entscheidender Bedeutung sind, und zugleich auch sichtbar zu machen, dass die Basis in letzter Instanz das ganze Gebäude determiniert. In der Konsequenz veranlasst sie uns zwingend dazu, das theoretische Problem des für den Überbau charakteristischen, »abgeleiteten« Wirksamkeitstypus als solches zu formulieren, d.h. sie zwingt uns dazu, das als solches zu denken, was die marxistische Tradition mit den beiden verbundenen Konzepten der relativen Autonomie des Überbaus und als Rückwirkung des Überbaus auf die Basis gekennzeichnet hat.

Der wichtigste Nachteil dieser Darstellung der Struktur einer jeden Gesellschaft durch die räumliche Metapher des Gebäudes liegt offensichtlich darin, dass sie metaphorisch ist: d.h. dass sie *beschreibend* bleibt.

Es scheint uns von jetzt an wünschenswert und möglich, die Dinge anders darzustellen. Damit man uns richtig versteht: Wir lehnen keineswegs die klassische Metapher ab, da sie doch selbst dazu zwingt, über sie hinauszugehen. Und wir werden nicht über sie hinausgehen, um sie als überlebt zu verwerfen. Wir möchten bloß den Versuch machen, das als solches zu denken, was sie uns in der Form einer Beschreibung vermittelt.

Wir denken, dass es *ausgehend von der Reproduktion* möglich und notwendig ist, das als solches zu denken, was die Existenz und die Eigentümlichkeit des Überbaus in seinem Wesen kennzeichnet. Es genügt bereits, den Standpunkt der Reproduktion einzunehmen, damit sich mehrere der Fragen klären, auf deren Existenz die räumliche Metapher des Gebäudes verweist, ohne dafür eine begriffliche Antwort zu liefern.

Unsere grundlegende These ist nun, dass es *nur vom Standpunkt der Reproduktion aus* möglich ist, diese Fragen als solche zu stellen (und daher auch zu beantworten).

Wir werden in aller Kürze *von diesem Standpunkt aus* das Recht, den Staat und die Ideologie analysieren. Wir werden dabei zugleich deutlich hervortreten lassen, was jeweils vom Standpunkt der Praxis und der Produktion einerseits und dem der Reproduktion andererseits geschieht.

[...]

## Der Staat

Die marxistische Tradition ist hier ganz eindeutig: Der Staat wird vom »Manifest« und vom »18. Brumaire« an (und in überhaupt allen klassischen Texten, vor allem von Marx über die Pariser Kommune und von Lenin in »Staat und Revolution«) explizit als repressiver Apparat begriffen. Der Staat ist eine »Maschine« der Repression, welche es den herrschenden Klassen (im 19. Jahrhundert der Klasse der Bourgeoisie und der »Klasse« der Großgrundbesitzer) ermöglicht, ihre Herrschaft über die Arbeiterklasse zu gewährleisten, um sie dem Prozess der Abpressung des Mehrwerts (d.h. der kapitalistischen Ausbeutung) zu unterwerfen.

Der Staat ist dabei vor allem das, was die Klassiker des Marxismus als *Staatsapparat* bezeichnet haben. Man versteht unter diesem Begriff nicht nur den spezialisierten Apparat (im engeren

Sinne), dessen Existenz und Notwendigkeit wir ausgehend von den Anforderungen der juristischen Praxis anerkannt haben, nämlich die Polizei, die Gerichte und die Gefängnisse. Sondern auch die Armee, die dann (das Proletariat hat diese Erfahrung mit seinem Blut erkaufen müssen) als eine repressive Gewalt der Reserve direkt eingreift, in letzter Instanz, wann immer die Polizei und ihre darauf spezialisierten Hilfsverbände »von den Ereignissen überrannt« werden. Und über diesem ganzen Komplex befinden sich dann noch der Staatschef, die Regierung und die Verwaltung.

In dieser Weise dargestellt, trifft die marxistisch-leninistische »Theorie« des Staates das Wesentliche, und es kann keinen Augenblick ein Zweifel darüber aufkommen, dass man sich klarmachen muss, dass dies wirklich und wahrhaftig das Wesentliche ist. Der Staatsapparat, der den Staat als repressive Gewalt der Ausführung und der Intervention kennzeichnet – »im Dienst der herrschenden Klassen«, also im Klassenkampf, den die Bourgeoisie und ihre Verbündeten gegen das Proletariat führen – ist also ganz einfach der Staat und er definiert ganz einfach dessen grundlegende »Funktion«.

## *Von der bloß deskriptiven Theorie zur wirklichen Theorie*

Jedoch auch hier bleibt gültig, worauf wir bereits in Bezug auf die Metapher des Gebäudes (Basis und Überbau) hingewiesen haben: Diese Darstellung der Natur des Staates bleibt zum Teil noch rein deskriptiv.

Da wir noch oft dazu Gelegenheit haben werden, dieses Adjektiv – ›deskriptiv‹ – zu benutzen, sind ein paar Worte der Erläuterung nötig, um Missverständnissen vorzubeugen.

Wenn wir in Bezug auf die Metapher des Gebäudes oder auf die marxistische »Theorie« des Staates sagen, dass es sich um deskriptive Auffassungen bzw. Darstellungsweisen ihres Gegenstandes handelt, haben wir dabei keinerlei kritische Hintergedanken. Wir sehen uns vielmehr umfassend in dem Gedanken bestärkt, dass große wissenschaftliche Entdeckungen gar nicht umhin können, die Phase einer, wie wir es nennen werden, *deskriptiven »Theorie« durch*zumachen. Das wäre dem gemäß die erste Phase jeder Theorie, zumindest auf dem Gebiet, um das es uns hier geht (dem der Wissenschaft von den Gesellschaftsformationen). Als eine derartige erste Phase könnte man sie als eine notwendige Übergangsphase zur Entwicklung der Theorie begreifen – unserer Auffassung nach muss man dies sogar. Dass es sich um eine Übergangsphase handelt, markieren wir in unserem Ausdruck »deskriptive Theorie« eben dadurch, dass wir in die Verknüpfung der von uns benutzten Begriffe etwas einbauen, was einer Art von »Widerspruch« entspricht. Denn in der Tat »beißt sich« der Begriff »Theorie« zum Teil mit dem Adjektiv »deskriptiv«, das ihm angehängt ist. Das soll ganz genau das Folgende bedeuten: 1. dass die »deskriptive Theorie« wirklich und zweifellos den Anfang der Theorie bildet, von der aus es keine Rückkehr mehr gibt; 2. dass die »deskriptive« Form, in der sich die Theorie hier darstellt, gerade wegen der Wirkung dieses »Widerspruchs« eine Weiterentwicklung der Theorie erfordert, welche über die Form der »Deskription« hinausgeht.

Fassen wir unseren Gedanken genauer – indem wir auf unseren gegenwärtigen Gegenstand, auf den Staat, zurückkommen.

Wenn wir sagen, dass die marxistische »Theorie« des Staates, über die wir verfügen, z.T. »deskriptiv« bleibt, so heißt das zunächst und vor allem, dass diese deskriptive »Theorie«, ohne dass daran noch ein Zweifel möglich wäre, den Anfang der marxistischen Staatstheorie als solcher bildet und dass dieser Anfang uns bereits das Wesentliche an die Hand gibt, d.h. das entscheidende Prinzip für die gesamte weitere Entwicklung der Theorie.

Wir werden in der Tat behaupten, dass die deskriptive Staatstheorie richtig ist, denn man kann die überwältigende Mehrzahl der auf dem Gebiet, auf das sie sich bezieht, zu beobachtenden Fakten vollkommen mit der Definition in Übereinstimmung bringen, die sie ihrem Gegenstand gibt. So erhellt die Definition des Staates als Klassenstaat, der im unterdrückenden Staatsapparat existiert, in der Tat wie ein Blitzschlag alle zu beobachtenden Fakten in Bezug auf unterschiedliche Gestalten der Repression, auf welchem Gebiet auch immer sie ausgeübt wird: von den Massakern im Juni 1848 und der Pariser Kommune, über den Blutsonntag im Mai 1905 in Petersburg, die Résistance, Charonne[7] usw. ... bis hin zu den einfachen (und relativ harmlosen) Eingriffen einer »Zensur«, welche die »Nonne« von Diderot[8] verbietet oder ein Stück von Gatti über Franco.[9] Diese Definition erhellt alle die direkten oder indirekten Formen der Ausbeutung und der Ausrottung der Volksmassen (die imperialistischen Kriege). Sie erhellt auch jene subtile alltägliche Herrschaft, in der – z.B. in den Formen der politischen Demokratie – das an den Tag kommt, was Lenin im Anschluss an Marx als die Diktatur der Bourgeoisie bezeichnet hat.

Allerdings stellt die deskriptive Theorie des Staates eine Phase der Konstituierung dieser Theorie dar, die als solche bereits deren »Überwindung« bzw. »Aufhebung« [dépassement] erforderlich macht. Denn es ist ganz klar, dass, so sehr uns auch die Definition, die hier zur Diskussion steht, in der Tat das Nötige an die Hand gibt, um Handlungen der Unterdrückung als solche zu identifizieren und wiederzuerkennen, indem sie zum Staat ins Verhältnis gesetzt werden, der als repressiver Staatsapparat begriffen wird, so lässt doch dieses »Ins-Verhältnis-Setzen« eine ganz besondere Art von Evidenz aufkommen, zu der mehr zu sagen wir in wenigen Augenblicken Gelegenheit ha-

---

[7] Bei einer gegen den Algerien-Krieg gerichteten Demonstration im Jahr 1962 feuerte die Polizei an der Métro-Station ›Charonne‹ in die Menge. Neun Demonstranten wurden Opfer dieses mörderischen »Zwischenfalls«. [Peter Schöttler] Vgl. inzwischen Étienne Balibar, »De *Charonne* à Vitry«, in: Le Nouvel observateur, 16. März 1981 (wieder in: Ders., Grenzen der Demokratie, Hamburg 1991). [fow]

[8] »Suzanne Simonin – la Religieuse de Denis Diderot«, Spielfilm von Jacques Rivette, der 1966 von der französischen Zensur verboten wurde. [Peter Schöttler]

[9] Charles de Gaulle selber hatte seinen Kulturminister André Malraux angewiesen, die Aufführung des Theaterstücks »La passion du général Franco« (»Die Leidenschaft des General Franco«) von Armand Gatti zu verbieten. [fow]

ben werden: »Ja, so ist es, das ist wohl wahr! ...«[10] Und die bloße Anhäufung von Fakten, welche unter die Definition des Staates fallen, lässt doch – so sehr sie auch deren Illustrationen vervielfältigt – die Definition des Staates, d.h. seine wissenschaftliche Theorie, keine wirklichen Fortschritte machen. Jede deskriptive Theorie läuft auf diese Weise Gefahr, die Weiterentwicklung der Theorie zu »blockieren«, obwohl diese doch unbedingt notwendig ist.

Deshalb denken wir, dass es, um diese deskriptive Theorie zu einer wirklichen Theorie weiterzuentwickeln, d.h. um tiefer in das Verständnis der Mechanismen des Staates einzudringen, die seiner Funktionsweise zugrundeliegen, unbedingt notwendig ist, der klassischen Definition des Staates als Staatsapparat etwas *hinzuzufügen.*

## *Das Wesentliche der marxistischen Theorie des Staates*

Stellen wir zunächst einen wichtigen Punkt klar: Der Staat (und seine Existenz in seinem Apparat) haben nur einen Sinn in Bezug auf die *Staatsmacht.* Der ganze politische Klassenkampf dreht sich um den Staat. Verstehen wir uns richtig: *um den Besitz,* d.h. die Ergreifung und die Bewahrung der Staatsmacht durch eine bestimmte Klasse oder ein Bündnis von Klassen oder Klassenfraktionen. Diese erste Klarstellung nötigt uns also zur Unterscheidung zwischen der Staatsmacht (Bewahrung der Staatsmacht oder Ergreifung der Staatsmacht), als dem Ziel des politischen Klassenkampfes, einerseits und dem Staatsapparat andererseits.

Wir wissen, dass der Staatsapparat seine Position behaupten kann – wie dies die bürgerlichen »Revolutionen« des 19. Jahrhunderts in Frankreich (1830, 1848) oder die Staatsstreiche (vom 2. Dezember 1851[11] oder vom Mai 1958[12]) oder die Staatszusam-

---

[10] Vgl. unten: »Zum Thema der Ideologie«, S. 71ff.

[11] Datum der Machtübernahme des Louis Bonaparte. [fow]

[12] Datum der Machtübernahme Charles de Gaulles. [fow]

menbrüche (Sturz des Kaiserreichs 1870, Sturz der 3. Republik 1940) oder der politische Aufstieg des Kleinbürgertums (1890-95 in Frankreich) usw. beweisen ..., bei denen der Staatsapparat davon nicht betroffen oder verändert wurde: Er kann angesichts von politischen Ereignissen, welche den *Besitz* der Staatsmacht betreffen, ganz unberührt bleiben.

Selbst nach einer sozialen Revolution wie der von 1917 hat sich ein großer Teil des Staatsapparates gleichsam nicht vom Fleck gerührt – trotz der Eroberung der Staatsmacht durch das Bündnis des Proletariats mit der armen Bauernschaft: Lenin hat dies oft genug wiederholt.

Man kann sagen, dass diese Unterscheidung zwischen Staatsmacht und Staatsapparat ein Teil der marxistischen »Theorie« des Staates ist – explizit formuliert seit Marx' »18. Brumaire« und den »Klassenkämpfen in Frankreich«.

Um in diesem Punkt die »marxistische Staatstheorie« zu resümieren, können wir sagen, dass die Klassiker des Marxismus immer das Folgende vertreten haben:

1) der Staat ist der (repressive) Staatsapparat;
2) man muss die Staatsmacht vom Staatsapparat unterscheiden;
3) der Klassenkampf hat die Staatsmacht zum Ziel und in der Konsequenz dann auch die Verwendung des Staatsapparates entsprechend ihrer klassenspezifischen Zielsetzungen durch die Klassen (oder durch ein Bündnis von Klassen oder von Klassenfraktionen), welche die Staatsmacht im Besitz haben; und
4) das Proletariat muss sich der Staatsmacht bemächtigen, um den bestehenden bürgerlichen Staatsapparat zu zerschlagen, und diesen in einer ersten Phase durch einen völlig anderen, proletarischen Staatsapparat ersetzen und dann in späteren Phasen einen radikalen Prozess einleiten, nämlich den der Zerstörung des Staates (Ende der Staatsmacht und jedes Staatsapparates).

Von hier aus betrachtet ist das, was wir der »marxistischen Theorie« des Staates hinzuzufügen vorschlagen, als solches bereits in ihr ausdrücklich formuliert. Aber auch diese derart vervollständigte Theorie scheint uns noch zum Teil deskriptiv zu bleiben, auch wenn sie jetzt komplexe und differenzielle Elemente umfasst, deren Funktionsweise und Zusammenspiel gar nicht verstanden werden können, ohne auf eine zusätzliche theoretische Vertiefung zurückzugreifen.

## *Die ideologischen Staatsapparate*

Es ist also etwas anderes, was man der »marxistischen Theorie« des Staates hinzufügen muss. Wir müssen hier auf einem Gelände, auf dem uns die marxistischen Klassiker in der Tat schon seit langem vorausgegangen sind, ohne dass sie aber in einer theoretischen Form systematisiert hätten, welche entscheidenden Fortschritte in ihren Erfahrungen und in ihren Verfahrensweise enthalten sind, ganz umsichtig vorgehen. Denn ihre Erfahrungen und ihre Verfahrensweisen sind in der Tat vor allem auf das Gebiet der politischen Praxis beschränkt geblieben.

Die marxistischen Klassiker haben tatsächlich, d.h. in ihrer politischen Praxis, den Staat als eine komplexere Realität behandelt, als dies durch die in der »marxistischen Theorie« des Staates gegebene Definition geschieht, selbst wenn diese derart vervollständigt ist, wie wir dies gerade getan haben. Sie haben diese Komplexität in ihrer Praxis anerkannt, aber sie nicht in einer entsprechenden Theorie zum Ausdruck gebracht.[13]

Wir wollen versuchen, schematisch diese ihren Erfahrungen und Verfahrensweisen entsprechende Theorie zu umreißen. Zu diesem Zweck bringen wir die folgende These vor.

---

[13] Gramsci ist meines Wissens der einzige gewesen, der jenen Weg begangen hat, den wir hier einschlagen. Er hatte jenen »einzigartigen« Gedanken, dass der Staat sich nicht auf den (repressiven) Staatsapparat reduzieren lässt, sondern dass er auch – wie er sagte – eine Reihe von Institutionen der *»Zivilgesellschaft«* (»societa civile«) umfasse: die Kirche, die Schulen, die Gewerkschaften usw. Gramsci hat leider seine Intuitionen nicht systematisiert, die im Zustand scharfsinniger, aber unvollständiger Anmerkungen geblieben sind. (Vgl. Antonio Gramsci: *Gefängnishefte,* 9 Bände, Hamburg 1991ff., insbesondere Bd. 4 (H. 6, § 88; H. 7, § 16; H. 12, §1) und seine *Gefängnisbriefe,* Hamburg 1995 und 2008 [Althusser zitiert *Œuvres choisies,* Paris 1959, S. 290, 291 (Anm. 3), 293, 295, 436, und *Lettres de prison,* Paris 1953, S. 313. – fow]

Um die Staatstheorie voranzutreiben, ist es unbedingt notwendig, nicht nur die Unterscheidung zwischen *Staatsmacht* und *Staatsapparat* zu berücksichtigen, sondern auch noch eine andere Realität, die offensichtlich dem (repressiven) Staatsapparates zur Seite steht, aber nicht mit ihm zusammenfällt. Wir werden diese Realität mit ihrem Begriff bezeichnen: *die ideologischen Staatsapparate.*

Was ist das – die ideologischen Staatsapparate (ISA)?

Sie sind fallen nicht mit dem (repressiven) Staatsapparat zusammen. Erinnern wir daran, dass in der marxistischen Theorie der Staatsapparat (SA) das Folgende umfasst: die Regierung, die Verwaltung, die Armee, die Polizei, die Gerichte, die Gefängnisse usw., die alle zusammen das bilden, was wir im Weiteren als den Repressiven Staatsapparat bezeichnen werden. Die Kennzeichnung als repressiv zeigt an, dass der Staatsapparat »auf der Grundlage von Gewalt funktioniert«, zumindest im Ernstfall (denn z.B. die administrative Repression kann durchaus nichtphysische Formen annehmen).

Wir bezeichnen als Ideologische Staatsapparate eine bestimmte Anzahl von Realitäten, die sich dem unmittelbaren Beobachter in Form von unterschiedlichen und spezialisierten Institutionen darbieten. Wir schlagen eine empirische Liste vor, die natürlich im Einzelnen untersucht, überprüft, berichtigt und überarbeitet werden muss. Unter allen Vorbehalten, die sich aus dem eben Gesagten ergeben, können wir im Augenblick die folgenden Institutionen als Ideologische Staatsapparate betrachten (die Reihenfolge, in der wir sie aufzählen, hat keine besondere Bedeutung):

- der religiöse ISA (das System der verschiedenen Kirchen),
- der schulische ISA (das System der unterschiedlichen öffentlichen und privaten »Schulen«[14]),
- der familiale ISA,[15]

[14] Im Französischen ist der Begriff der »Schule« ohne weiteres für alle Bildungseinrichtungen anwendbar. [fow]

[15] Die Familie erfüllt offensichtlich auch andere »Funktionen« als die eines ISA. Sie wirkt bei der Reproduktion der Arbeitskraft mit. Sie ist, je

- der juristische ISA,[16]
- der politische ISA (das politische System, zu dem die verschiedenen Parteien gehören),
- der ISA der Interessenverbände,[17]
- der ISA der Information (Presse, Radio, Fernsehen usw.),
- der kulturelle ISA (Literatur, die schönen Künste, der Sport usw.).

Wir sagen: die ISA fallen nicht mit dem (repressiven) Staatsapparat zusammen. Worin besteht also ihr Unterschied?

Zunächst können wir beobachten, dass *es einen* (repressiven) Staatsapparat gibt gegenüber *einer Vielzahl* ideologischer Staatsapparate. Vorausgesetzt, dass sie überhaupt existiert, ist die Einheit, die diese Vielzahl der ISA bildet, nicht unmittelbar sichtbar.

In einem zweiten Schritt können wir feststellen, dass, während der vereinheitlichte (repressive) Staatsapparat ganz *zum öffentlichen* Bereich gehört, der größte Teil der ISA (in ihrer scheinbaren Zerstreuung) ganz im Gegenteil zum *privaten* Bereich gehört. Privat sind die Kirchen, die Parteien, die Verbände, die Familien, einige Schulen, die Mehrzahl der Zeitungen, die Kulturunternehmen usw. usf.

Lassen wir unsere erste Beobachtung einen Augenblick beiseite. Aber man wird zweifellos die zweite aufgreifen, um zu fragen, mit welchem Recht ich Institutionen als ideologische Staatsapparate bezeichnen kann, die mehrheitlich keinen öffentlichen Status besitzen, sondern ganz einfach *private* Institutionen sind. Als bewusster Marxist war Gramsci bereits mit einem Satz diesem Einwand zuvorgekommen. Die Unterscheidung zwischen dem Öffentlichen und dem Privaten ist eine Unterscheidung innerhalb des bürgerlichen Rechtes und gilt für die

---

nach Produktionsweise, selbst eine Produktionseinheit und (oder) eine Konsumtionseinheit.

[16] Das »Recht« gehört zugleich zum (repressiven) Staatsapparat und zum System der ISA.

[17] Im Französischen »syndical«, was alle Interessenverbände meint, nicht nur die Gewerkschaften. [fow]

(untergeordneten) Bereiche, in denen das bürgerliche Recht seine »Macht« ausübt. Das Gebiet des Staates entzieht sich ihm, denn dieser steht »über dem Recht«: Der Staat, der der Staat *der* herrschenden Klasse ist, ist als solcher weder öffentlich noch privat, er ist vielmehr die Bedingung jeder Unterscheidung zwischen dem Öffentlichen und dem Privaten. Denselben Sachverhalt können wir auch zum Ausdruck bringen, indem wir von unseren Ideologischen Staatsapparaten sprechen: Es ist nicht von Bedeutung, ob die Institutionen, die ihre Funktion erfüllen, »öffentlich« oder »privat« sind. Entscheidend ist ihre Funktionsweise. Private Institutionen können durchaus als ideologische Staatsapparate »funktionieren«. Jede nur ein wenig weiter vorangetriebene Analyse eines beliebigen ISA würde genügen, um dies zu zeigen.

Aber kommen wir jetzt zum Wesentlichen. Was die ISA vom (repressiven) Staatsapparat unterscheidet, ist der folgende grundlegende Unterschied: Der repressive Staatsapparat »funktioniert durch den Rückgriff auf Gewalt«, während die Ideologischen Staatsapparate *»durch den Rückgriff auf Ideologie« funktionieren.*

Wir können dies noch genauer ausdrücken, indem wir diese Unterscheidung berichtigen. Wir sagen in der Tat, dass jeder Staatsapparat, ganz gleich, ob er repressiv oder ideologisch ist, zugleich durch den Rückgriff auf Gewalt und auf Ideologie funktioniert, wenn auch mit einem sehr wichtigen Unterschied, der es ausschließt, die Ideologischen Staatsapparate mit dem (repressiven) Staatsapparat zu verwechseln.

Dieser Unterschied besteht darin, dass der (repressive) Staatsapparat seinerseits auf massive Weise in erster Linie *durch den Rückgriff auf Repression* funktioniert (die physische Gewaltanwendung mit inbegriffen), wenn er auch in zweiter Linie durch den Rückgriff auf Ideologie funktioniert. (Es gibt keinen repressiven Apparat, der allein durch Repression funktioniert.) Beispielsweise die Armee und die Polizei funktionieren auch durch den Rückgriff auf Ideologie, sowohl um ihren eigenen Zusammenhalt und ihre Reproduktion zu gewährleisten, als auch durch die »Werte«, die sie der Außenwelt anbieten.

Ebenso, aber umgekehrt, muss man sagen, dass die ideologischen Staatsapparate ihrerseits auf massive Weise in erster Linie *durch den Rückgriff auf Ideologie* funktionieren, auch wenn sie in zweiter Linie durch den Rückgriff auf Repression arbeiten, auch wenn diese im Grenzfall – aber eben nur im Grenzfall – in einer sehr abgemilderten, versteckten, ja sogar bloß symbolischen Gestalten auftritt. (Es gibt keinen ideologischen Apparat, der allein durch den Rückgriff auf Ideologie funktioniert.) Auf diese Weise »dressieren« die Schule und die Kirche mit entsprechenden Methoden von Bestrafung, Ausschluss, Auswahl usw. nicht nur gleichsam ihre »die Messe zelebrierenden Priester«, sondern auch deren »Schäflein«. Ebenso funktioniert die Familie... Ebenso der kulturelle ISA (etwa die Zensur, um nur sie zu erwähnen) usw.

Lohnt es überhaupt noch, extra zu erwähnen, dass diese Bestimmung einer gedoppelten »Funktionsweise« (als überwiegend bzw. als sekundär) durch den Rückgriff auf Repression und auf Ideologie – je nachdem, ob es sich um den (repressiven) Staatsapparat oder die ideologischen Staatsapparate handelt – es erlaubt zu begreifen, wie sich ständig sehr subtile, offen ausgesprochene oder stillschweigende Verknüpfungen herstellen zwischen dem Funktionieren des (repressiven) Staatsapparates und dem Funktionieren von Ideologischen Staatsapparaten? Das Alltagsleben bietet uns zahllose Beispiele dafür, die man allerdings im Detail wird studieren müssen, um über diese einfache Beobachtung hinauszukommen.

Diese Bemerkung bringt uns jedoch auf die Spur eines Begreifens eben dessen, was die Einheit des anscheinend nicht recht zusammenpassenden Komplexes der ISA ausmacht. Wenn die ISA auf massive Weise in erster Linie durch den Rückgriff auf Ideologie »funktionieren«, dann wird ihre Vielfalt durch dieses »Funktionieren« als solches vereinheitlicht, in dem Maße nämlich, wie die Ideologie, durch deren Einsatz sie funktionieren, trotz ihrer Vielfalt und ihrer Widersprüche, immer schon[18] fak-

[18] Althusser benutzt mit »immer schon« [»toujours-déjà«] eine Formel, die Heidegger in *Sein und Zeit* in die Philosophie eingeführt hat. [fow]

tisch vereinheitlicht ist *unter der herrschenden Ideologie,* welche die der »herrschenden Klasse« ist. Wenn wir in Betracht ziehen wollen, dass im Prinzip die herrschende Klasse« die Staatsmacht in Besitz hat (in einer offen erklärten Form oder auch – was häufiger vorkommt – vermittelt durch ein Bündnis von Klassen oder von Klassenfraktionen) und daher auch über den (repressiven) Staatsapparat verfügt, dann können wir auch akzeptieren, dass dieselbe »herrschende Klasse« in dem Maße innerhalb der Ideologischen Staatsapparaten tätig ist, wie sich letztlich immer die herrschende Ideologie in den Ideologischen Staatsapparaten verwirklicht, auch wenn dies durch ihre eigenen Widersprüche hindurch geschieht. Wohl verstanden ist es etwas völlig anderes, ob man mit Hilfe von Gesetzen und Dekreten im (repressiven) Staatsapparat handelt oder ob man vermittelt über die herrschende Ideologie innerhalb der Ideologischen Staatsapparate agiert. Man wird diese Differenz noch detaillierter untersuchen müssen – aber sie wird dennoch nicht das Bestehen einer grundlegenden Identität verdecken können. Nach unserem Wissen kann *keine Klasse dauerhaft die Staatsmacht in Besitz halten, ohne zugleich ihre Hegemonie über und in den Ideologischen Staatsapparaten auszuüben.* Ich will dafür nur ein Beispiel und damit einen Beweis vorbringen: die brennende Sorge Lenins, (unter anderem) den schulischen Ideologischen Staatsapparat zu revolutionieren, um es dem sowjetischen Proletariat, das die Staatsmacht erobert hatte, zu ermöglichen, überhaupt die Zukunft der Diktatur des Proletariats abzusichern, sowie damit auch den Übergang zum Sozialismus.[19]

Diese letzte Bemerkung macht es uns möglich, zu begreifen, dass die Ideologischen Staatsapparate nicht nur der *Einsatz,* sondern auch der *Ort* des Klassenkampfes sind und zwar oft äußerst erbitterter Formen des Klassenkampfes. Diejenige Klasse bzw. dasjenige Bündnis von Klassen, die an der Macht sind,

---

[19] In einem geradezu pathetischen Text, der das Datum von 1937 trägt, hat die Krupskaja die Geschichte der verzweifelten Versuche Lenins in dieser Richtung erzählt und das beschrieben, was sie als sein Scheitern begriffen hat. (»Le chemin parcouru«) [Auf Russisch als Audio-Datei: www.marxists.org/audiobooks/archive/krupskaya/speech-1937.mp3 – fow]

gebietet nicht so leicht innerhalb der ISA wie im (repressiven) Staatsapparat: Nicht nur, weil dort die längst abgelösten herrschenden Klassen immer noch lange starke Positionen halten können, sondern auch weil der Widerstand der ausgebeuteten Klassen dort die Mittel und die Gelegenheit dafür finden kann, sich zum Ausdruck zu bringen, zum einen, indem sie die Widersprüche nutzen, wie sie dort existieren, zum anderen, indem sie dort für sich Kampfpositionen erobern.[20]

Fassen wir unsere Bemerkungen zusammen.

Wenn die These, die wir vorgebracht haben, begründet ist, so müssen wir die klassische marxistische Staatstheorie wieder aufnehmen, wobei wir einen Punkt präzisieren müssen. Wir sagen, dass man unterscheiden muss zwischen der Staatsmacht (und ihrem Besitz durch...) einerseits und dem Staatsapparat andererseits. Aber wir fügen hinzu, dass der Staatsapparat zwei Bereiche umfasst: Einerseits den abgegrenzten Bereich der Institutionen, die den repressiven Staatsapparat darstellen, und an-

---

[20] Was hier mit ein paar raschen Worten über den Klassenkampf innerhalb der ISA gesagt worden ist, bleibt ganz offensichtlich weit davon entfernt, die Frage des Klassenkampfes erschöpfend zu behandeln. Um diese Frage anzugehen, muss man sich zwei Prinzipien vor Augen halten.

*Das erste Prinzip* ist von Marx in seinem *Vorwort zur Kritik der politischen Ökonomie* formuliert worden: »In der Betrachtung solcher Umwälzungen [der sozialen Revolution] muss man stets unterscheiden zwischen der materiellen naturwissenschaftlich treu zu konstatierenden Umwälzung in den ökonomischen Produktionsbedingungen und den juristischen, politischen, religiösen, künstlerischen oder philosophischen, kurz, ideologischen Formen, worin sich die Menschen dieses Konflikts bewusst werden und ihn ausfechten.« (MEW 13: 9) Der Klassenkampf drückt sich also in ideologischen Formen aus und findet in ihnen statt, also auch in den ideologischen Formen der ISA. Aber der Klassenkampf *geht weit über* diese Formen *hinaus*; und eben weil er über sie hinausgeht, kann auch der Kampf der ausgebeuteten Klassen sich in den Formen der ISA ausdrücken, also die Waffe der Ideologie gegen die Klassen richten, die sich an der Macht befinden.

Dies geschieht gemäß dem *zweiten Prinzip:* Der Klassenkampf geht über die ISA hinaus, weil seine Wurzeln woanders liegen als in der Ideologie, nämlich in der Basis, in den Produktionsverhältnissen, die Ausbeutungsverhältnisse sind und die die Grundlage der Klassenverhältnisse bilden.

dererseits den abgegrenzten Bereich der Institutionen, die den Bereich der ideologischen Staatsapparate darstellen.

Aber wenn dem so ist, kommt man doch nicht darum herum, sich folgende Frage zu stellen (trotz des noch sehr summarischen Charakters unserer Hinweise): Welches ist genau das Maß für die Rolle der Ideologischen Staatsapparate? Was kann wohl die Grundlage für ihre Bedeutung sein? Mit anderen Worten: Worin besteht die »Funktion« dieser Ideologischen Staatsapparate, die nicht durch den Rückgriff auf Repression funktionieren, sondern durch den auf Ideologie?

[...]

## Über die Reproduktion der Produktionsverhältnisse

Wir können nun unsere zentrale Frage beantworten, die über viele Seiten hinweg in der Schwebe geblieben war: *Wie wird die Reproduktion der Produktionsverhältnisse gewährleistet?*

In der Sprache der Topik (Basis, Überbau) könnten wir sagen: Sie erfolgt zu einem sehr großen Anteil[21] durch den juristisch-politischen und den ideologischen Überbau.

Aber da wir zu der Überzeugung gekommen sind, dass es unbedingt notwendig ist, diese immer noch bloß deskriptive Sprache zu überwinden, können wir sagen: Sie wird zu einem großen Teil durch die Ausübung der Staatsmacht in den Staatsapparaten gewährleistet, und zwar dem (repressiven) Staatsapparat einerseits und den Ideologischen Staatsapparaten andererseits.

Man sollte das bisher Ausgeführte vor Augen behalten, was ich jetzt in den folgenden drei Grundzügen zusammenfassen möchte:

1 – Alle Staatsapparate funktionieren sowohl durch den Rückgriff auf Repression als auch auf Ideologie, mit dem Unter-

[21] Zu einem großen Teil. Denn die Produktionsverhältnisse werden zunächst einmal durch die eigene Materialität des Produktionsprozesses und des Zirkulationsprozesses reproduziert. Aber man darf nicht vergessen, dass die ideologischen Verhältnisse unmittelbar in eben diesen Prozessen gegenwärtig sind.

schied, dass der (repressive) Staatsapparat auf massiv überwiegende Weise durch den Rückgriff auf Repression funktioniert, während die Ideologischen Staatsapparate auf massiv überwiegende Weise durch den Rückgriff auf Ideologie funktionieren.

2 – Während der (repressive) Staatsapparat ein organisiertes Ganzes darstellt, dessen verschiedene Glieder unter einer Befehlseinheit zentral zusammengefasst werden, nämlich der der Politik des Klassenkampfes, wie sie die politischen Vertreter der herrschenden Klassen anwenden, welche die Staatsmacht innehaben, sind die Ideologischen Staatsapparate vielfältig, unterschiedlich, »relativ autonom« und dazu in der Lage, ein objektives Feld für Widersprüche zu liefern, in denen sich in manchmal begrenzten, manchmal auch extremen Formen die Zusammenstöße zwischen dem kapitalistischen Klassenkampf und dem proletarischen Klassenkampf auswirken und ausdrücken können – und ebenso auch die ihrer untergeordneten Formen.

3 – Während die Einheit des (repressiven) Staatsapparates durch seine zentralisierte Organisation gewährleistet wird, die unter der Leitung der Vertreter der herrschenden Klassen vereinheitlicht ist, welche die Klassenkampfpolitik der Klassen an der Macht umsetzen, wird die Einheit zwischen den verschiedenen Ideologischen Staatsapparaten durch die herrschende Ideologie gewährleistet, welche diejenige der herrschenden Klasse ist.

Wenn man dazu bereit ist, diese Kennzeichnungen zu berücksichtigen, so kann man sich die Reproduktion der Produktionsverhältnisse[22] auf folgende Weise vorstellen, gemäß einer Art von »Arbeitsteilung«:

Die Rolle des repressiven Staatsapparates besteht vor allem darin, als repressiver Apparat mit (physischer oder nicht-physischer) Gewaltanwendung [force] die politischen Bedingungen der Reproduktion der Produktionsverhältnisse zu gewährleisten, die letztlich *Ausbeutungsverhältnisse* sind. Der Staatsapparat trägt nicht nur zu einem sehr großen Teil dazu bei, sich selbst

[22] Für den Teil der Reproduktion, zu dem der repressive Staatsapparat und die Ideologischen Staatsapparate *beitragen.*

zu reproduzieren (im kapitalistischen Staat existieren geradezu Dynastien von Politikern, militärische Dynastien usw.), sondern auch und vor allem gewährleistet der Staatsapparat durch die Repression (von der brutalsten physischen Gewaltanwendung bis hin zu einfachen administrativen Befehlen oder Verboten, zur offenen oder versteckten Zensur usw.) auch die politischen Bedingungen für das Funktionieren der Ideologischen Staatsapparate.

Diese sind es nämlich, welche zu einem großen Teil die Reproduktion der Produktionsverhältnisse als solche gewährleisten, gleichsam unter dem »Schild« des repressiven Staatsapparates. An dieser Stelle spielt die herrschende Ideologie eine ganz gewichtige Rolle, d.h. die der herrschenden Klasse, welche die Staatsmacht in Besitz hält. Vermittelt durch die herrschende Ideologie wird die (manchmal knarrende) »Harmonie« zwischen dem repressiven Staatsapparat und den Ideologischen Staatsapparaten und zwischen den unterschiedlichen Ideologischen Staatsapparaten als solchen gewährleistet.

Damit werden wir dahin geführt, die folgende Hypothese ins Auge zu fassen – entsprechend der Verschiedenartigkeit der ideologischen Staatsapparate, mit der sie ihre einzige, weil gemeinsame Rolle spielen, nämlich für die Reproduktion der Produktionsverhältnisse zu sorgen.

Wir haben in der Tat für die gegenwärtigen kapitalistischen Gesellschaftsformationen eine relativ hohe Anzahl von ideologischen Staatsapparaten aufgezählt: den schulischen Apparat, den religiösen Apparat, den familiären Apparat, den politischen Apparat, den »interessenverbandlichen« Apparat, den Informationsapparat, den »kulturellen« Apparat usw.

Dagegen können wir in den Gesellschaftsformationen, die auf der »Leibeigenschaft« als Produktionsweise beruhen (die gewöhnlich als »feudal« bezeichnet werden), feststellen, dass, auch wenn ein einziger repressiver Staatsapparat existiert, der formell nicht erst seit der absolutistischen Monarchie, sondern seit den ersten bekannten Staaten der Antike seiner uns geläufigen Gestalt sehr ähnlich geblieben ist, die Anzahl der ideologischen Staatsapparate deutlich geringer und ihre Individualität ganz anders ausgeprägt ist. Wir stellen beispielsweise fest, dass im Mittelalter die Kirche (der religiöse ideologische Staatsapparat) eine Reihe von Funktionen miteinander verband, die heute mehreren voneinander unterschiedenen ideologischen Staatsapparaten zugewiesen werden, die in dieser Unterschiedlichkeit gegenüber der von uns angesprochenen Vergangenheit einfach neu sind. Dies gilt vor allem für die schulischen und die kulturellen Funktionen. Neben der Kirche existierte damals der familiale Ideologische Staatsapparat, der eine ganz beträchtliche, mit derjenigen, welche er in den kapitalistischen Gesellschaftsformationen übernimmt, völlig unvergleichliche Rolle spielte. Die Kirche und die Familie waren, trotz des äußeren Anscheins, damals nicht die einzigen Ideologischen Staatsapparate. Es gab auch einen politischen Ideologischen Staatsapparat (die Generalstände, das Parlament, die verschiedenen politischen Fraktionierungen und Ligen, als Urahnen der modernen politischen Parteien und auch noch das gesamte politische System der freien Gemeinden und dann noch der Städte[23]). Es gab auch einen mächtigen »proto-interessenverbandlichen« ideologischen Staatsapparat, wenn man uns zugesteht, das Risiko dieser unvermeidlich anachronistische Formulierung einzugehen: die mächtigen »Verbrüderungen« der Händler und Bankiers, ebenso die Bünde der Handwerksgesellen usw. Auch das Verlagswesen und die Informationsverbreitung hatten unbestreitbar als solche schon einen gewissen Entwicklungsstand erreicht, ebenso die öffentlichen Schauspiele, die zunächst gänzlich zur Kirche gehört hatten und dann immer mehr von ihr unabhängig geworden waren.

Jedoch ist es absolut evident, dass es in der historisch vorkapitalistischen[24] Periode, die wir in sehr großen Zügen untersuchen, *einen herrschenden ideologischen Staatsapparat gegeben*

---

[23] Althusser nimmt hier ganz dezidiert die französische Feudalität zum Modell, deren »parlements« nicht mit dem, was sich etwa in England entwickelt hat, und schon gar nicht mit modernen Organen repräsentativer Demokratie zu verwechseln sind. [fow]

[24] Im Sinne einer unmittelbaren Vorgeschichte der westeuropäischen Durchsetzung der Herrschaft der kapitalistischen Produktionsweise. [fow]

*hat, nämlich die Kirche.* Diese fasste unter sich nicht nur die religiösen Funktionen zusammen, sondern auch die schulischen, und sie übernahm alleine zu einem guten Teil die Funktionen der Informationsverbreitung und der »Kultur«. Wenn der gesamte ideologische Kampf vom 16. bis zum 18. Jahrhundert, von den ersten Erschütterungen der Reformation angefangen, sich auf einen antiklerikalen und antireligiösen Kampf konzentriert hat, so war das kein Zufall, sondern es vollzog sich entsprechend der herrschenden Rolle des religiösen ideologischen Staatsapparates.

Die Französische Revolution hatte vor allem als Ziel und als Ergebnis – nicht allein die Staatsmacht von der feudalen Aristokratie auf die kapitalistisch-kommerzielle[25] Bourgeoisie zu übertragen und den alten repressiven Staatsapparat teilweise zu zerschlagen und durch einen neuen zu ersetzen (z.B. die Volksarmee der »nationalen Mobilmachung«), sondern eben auch –, dass der ideologische Staatsapparat Nr. 1 zerschlagen wurde: die Kirche. Von daher die Zivilverfassung des Klerus, die Einziehung der Kirchengüter und die Schaffung neuer ideologischer Staatsapparate, um den religiösen ideologischen Staatsapparat in seiner herrschenden Rolle zu ersetzen.

Natürlich ist das nicht so ganz von selbst gegangen: Beweise dafür bilden das Konkordat, die Restauration und der lange Klassenkampf zwischen der Aristokratie der Großgrundbesitzer und der industriellen Bourgeoisie, wie er während des ganzen 19. Jahrhunderts geführt worden ist. Es ging dabei um die Etablierung der bürgerlichen Hegemonie über die Funktionen, die vormals die Kirche ausgefüllt hatte – und dies vollzog sich vor allem durch die *Schule*.[26] Man kann sagen, dass die Bourgeoisie sich auf den neuen politischen ideologischen Staatsapparat gestützt hat, nämlich auf den parlamentarisch-demokratischen, wie er in den ersten Jahren der Revolution eingesetzt worden

---

[25] Diese Formulierung Althussers erinnert daran, dass damalige Kritiker der kapitalistischen Produktionsweise vor allem ihren kommerziellen Charakter vorgeworfen haben (etwa Adam Ferguson sprach von der *commercial society*). [fow]

[26] Im Französischen großgeschrieben, im Weiteren kursiv. [fow]

war und dann später nach langen gewaltsamen Kämpfen für einige Monate im Jahre 1848 und für mehrere Jahrzehnte nach dem Sturz des Zweiten Kaiserreichs wiederhergestellt wurde, mit dem Ziel des Kampfes gegen die Kirche und um sich deren ideologischer Funktionen zu bemächtigen. Kurz, um nicht nur die politische Hegemonie, sondern auch die ideologische Hegemonie der Bourgeoisie zu sichern, wie sie für die Reproduktion der kapitalistischen Produktionsverhältnisse unverzichtbar ist.

Aus diesem Grunde halten wir es für gerechtfertigt, die folgende These vorzubringen, trotz aller damit verbundenen Risiken. Wir glauben, dass der *schulische Ideologische Staatsapparat* derjenige ideologische Staatsapparat ist, der in den reifen kapitalistischen Formationen eine beherrschende Position einnimmt – als Ergebnis eines gewalttätigen politischen und ideologischen Klassenkampfes gegen den früheren beherrschenden ideologischen Staatsapparat.

Diese These mag paradox erscheinen, wo es doch wahr ist, dass für jedermann, d.h. in der ideologischen Vorstellung, welche die Bourgeoisie sich selbst und den Klassen, die sie ausbeutet, vermitteln will, der beherrschende ideologische Staatsapparat in den kapitalistischen Gesellschaftsformationen nicht die Schule, sondern der politische ideologische Staatsapparat ist, nämlich das Regime der parlamentarischen Demokratie, ergänzt um das freie und allgemeine Wahlrecht und die Kämpfe der Parteien.

Jedoch zeigt die Geschichte (und selbst noch die jüngste Zeitgeschichte), dass sich die Bourgeoisie sehr wohl mit von der parlamentarischen Demokratie verschiedenen politischen Ideologischen Staatsapparaten hat arrangieren können und dies immer noch kann: mit dem Kaiserreich, ob Nr. 1 oder Nr. 2, mit der konstitutionellen Monarchie (Louis XVIII., Charles X.), mit der parlamentarischen Monarchie (Louis-Philippe) und mit der Präsidialdemokratie (de Gaulle), um nur von Frankreich zu sprechen. In England sind die Dinge noch offensichtlicher. Die Revolution war dort besonders »erfolgreich«, vom bürgerlichen Standpunkt aus betrachtet. Denn im Unterschied zu Frankreich, wo die Bourgeoisie – übrigens aufgrund der Dummheit des niederen Adels – sich dazu gezwungen sah, zu akzeptieren, dass sie durch bäuerlich und plebejisch geprägte »Revolutionstage« an die Macht getragen wurde, was sie schrecklich teuer gekommen ist, konnte die englische Bourgeoisie mit der Aristokratie »einen Vergleich schließen« und sich mit ihr den Besitz der Staatsmacht und die Nutzung des Staatsapparates für eine sehr lange Zeit »teilen« (Frieden zwischen allen Menschen, die guten Willens sind – aus den herrschenden Klassen!). In Deutschland sind die Dinge noch schlagend deutlicher, denn dort hielt die imperialistische Bourgeoisie ihren dröhnenden Einzug in die Geschichte unter einem politischen ideologischen Staatsapparat, in dem die kaiserlichen Junker (mit Bismarck als Symbol) sowie deren Armee und Polizei als Schild und Führungspersonal für sie fungierten, bevor sie die Weimarer Republik »durchquerte« und sich dann dem Nazismus anvertraute.

Nach unserer Überzeugung gibt es daher gute Gründe für die Annahme, dass das, was die Bourgeoisie hinter dem Spiel ihres politischen ideologischen Staatsapparates, der im Rampenlicht stand, als ihren Ideologischen Staatsapparat Nr. 1, also als den beherrschenden aufbaute, der schulische Apparat gewesen ist, der faktisch den vorherigen beherrschenden ideologischen Staatsapparat, nämlich die Kirche, in dessen Funktionen ersetzt hat. Man kann sogar noch hinzufügen: Das Paar Schule-Familie hat das Paar Kirche-Familie ersetzt.

Warum ist der schulische Apparat in der Tat der beherrschende ideologische Staatsapparat in den kapitalistischen Gesellschaftsformationen, und wie funktioniert er?

Für den Augenblick möge es genügen, hierzu zu sagen:

1 – Alle ideologischen Staatsapparate, um welche es sich auch immer handeln mag, leisten ihren Beitrag zum gleichen Ergebnis: zur Reproduktion der Produktionsverhältnisse, d.h. der kapitalistischen Ausbeutungsverhältnisse.

2 – Jeder von ihnen trägt zu diesem einheitlichen Ergebnis auf eine ihm eigentümliche Art und Weise bei. Der politische Apparat, indem er die Individuen als Subjekte der politischen Staatsideologie unterwirft: der »demokratischen« Ideologie, in ihrer »indirekten« (parlamentarischen) oder ihrer »direkten« (plebiszitären

oder faschistischen) Gestalt; der Informationsapparat, indem er allen »Staatsbürgern« durch Presse, Rundfunk und Fernsehen eine tägliche Ration an Nationalismus, Chauvinismus, Liberalismus, Moralismus usw. verabreicht; ebenso der kulturelle Apparat (die Rolle des Sports im Chauvinismus ist von erstrangiger Bedeutung) usw.; der religiöse Apparat, indem er in Predigten und anderen großen Zeremonien aus Anlass von Geburt, Heirat und Tod daran erinnert, dass der Mensch nichts als Asche ist, es sei denn, er liebt seine Brüder so sehr, dass er dem, der ihn ohrfeigt, nach der ersten auch noch die andere Backe hinhält; der familiale Apparat... darauf sollten wir hier nicht weiter insistieren!

3 – In diesem Konzert herrscht eine einzige Partitur, auch wenn sie gelegentlich durch Widersprüche gestört wird (solche, die aufgrund der Reste der ehemaligen herrschenden Klassen entstehen, oder auch solche, welche die Proletarier und ihre Organisationen hineinbringen): die Partitur der Ideologie der gegenwärtig herrschenden Klasse, die in ihre Musik die ehrwürdigen Themen des Humanismus der Großen Ahnen integriert, die noch vor dem Christentum das Griechische Wunder und später die Größe Roms, der Ewigen Stadt, vollbracht haben, sowie die Themen der besonderen Interessen und Allgemeininteresses usw. [Und auch noch] den Nationalismus, den Moralismus und den Ökonomismus.

4 – Jedoch spielt in diesem Konzert ein ideologischer Staatsapparat ganz wirklich die beherrschende Rolle, obwohl man seiner Musik kaum Gehör schenkt: Sie ist so still! Es handelt sich um die Schule.

Sie nimmt vom Kindergarten[27] an die Kinder aller sozialen Klassen auf, und vom Kindergarten angefangen trichtert sie ihnen mit neuen wie mit alten Methoden jahrelang – in eben den Jahren, in denen das Kind am leichtesten »verwundbar« ist – eingeklemmt zwischen den Staatsapparat Familie und den Staatsapparat Schule »Know-how« ein, das in herrschende Ideologie verkleidet (Französisch, Rechnen, Naturkunde, Wissenschaften,

[27] In Frankreich schon lange flächendeckend und mit langen Betreuungszeiten als »école maternelle« ausgebaut. [fow]

Literatur) oder aber ganz einfach die herrschende Ideologie im reinen Zustand ist (Moral, Staatsbürgerlehre, Philosophie). Ungefähr mit 16 Jahren »fällt« dann eine enorme Masse von Kindern [aus der Schule] »in die Produktion«: die Arbeiter oder die Kleinbauern. Ein anderer Teil der von der Schule zu erfassenden Jugend macht weiter: Und koste es, was es wolle, kommen sie ein Stück weiter, um dann unterwegs »herauszufallen« und die Posten der unteren und mittleren Kader, der Angestellten, der unteren und mittleren Beamten (also von Kleinbürgern jeder Art) zu besetzen. Ein letzter Teil erreicht die Gipfel, entweder um einer Halbarbeitslosigkeit für Intellektuelle zu verfallen oder um neben den »Intellektuellen des Gesamtarbeiters« auch noch zu liefern: Agenten der Ausbeutung (Kapitalisten, Manager), Agenten der Unterdrückung (Militärs, Polizisten, Politiker, Verwaltungsfachleute usw.) oder Berufsideologen (Priester aller Art, die zum größeren Teil überzeugte »Laien«[28] sind).

Jede Gruppe, die unterwegs »herausfällt«, ist praktischerweise bereits mit derjenigen Ideologie ausgestattet, welche ihrer Rolle in der Klassengesellschaft entspricht: der Rolle des Ausgebeuteten (mit einem stark »entwickelten« »professionellen«, »moralischen«, »staatsbürgerlichen«, »nationalen« und a-politischen »Bewusstsein«); der Rolle des Agenten der Ausbeutung (mit der Fähigkeit, zu befehlen und zu den Arbeitern zu sprechen, d.h. die »human relations« zu handhaben), der Rolle der Agenten der Unterdrückung (mit der Fähigkeit, zu befehlen und sich »ohne weitere Diskussion« Gehorsam zu verschaffen, oder mit der Fähigkeit, die Demagogie in der Rhetorik von politischen Führer zu handhaben) oder mit der von Berufsideologen (mit der Kompetenz, das Bewusstsein der Einzelnen mit dem nötigen Respekt, d.h. mit eben dem Grad an Verachtung, Erpressung und Demagogie zu behandeln, der jeweils notwendig ist und der sich mit der Betonung der Moral, der Tugend, der

[28] Wortspiel zwischen »laique« und »laiciste«, also zwischen dem Laienstatus gegenüber dem Priestertum und dem offiziellen »Laizismus« der französischen Republik. [fow]

»Transzendenz«, der Nation, der Rolle Frankreichs in der Welt usw. gut verträgt.

Ganz gewiss lassen sich viele dieser kontrastierenden Tugenden (Bescheidenheit, Resignation und Unterwerfung auf der einen, Zynismus, Verachtung, Hochmut, Selbstsicherheit, Großspurigkeit, bis hin zu Schönrednerei und Wortgeschicklichkeit auf der anderen Seite) auch in den Familien, in der Kirche, in der Armee, in schönen Büchern, in Filmen und selbst auf den Sportplätzen erlernen. Aber kein anderer ideologischer Staatsapparat verfügt über derart viele Jahre hinweg über die zwangsverpflichtete Zuhörerschaft der Gesamtheit der Kinder der kapitalistischen Gesellschaftsformation (und dies auch noch, was keineswegs gering zu schätzen ist, kostenlos...) – und dies für fünf bis sechs Tage pro Woche und für acht Stunden am Tag.

Derart vermittelt über das Erlernen von einigem Know-how, das seinerseits eingebettet ist in die massive Eintrichterung der Ideologie der herrschenden Klasse, werden die *Produktionsverhältnisse* einer kapitalistischen Gesellschaftsformation zu einem großen Teil reproduziert, d.h. die Verhältnisse von Ausgebeuteten zu Ausbeutern und von Ausbeutern zu Ausgebeuteten. Die Mechanismen, die dieses für das kapitalistische Regime lebensnotwendige Ergebnis produzieren, werden dabei natürlich überdeckt und verborgen durch eine Ideologie der Schule, die universell herrscht, denn sie stellt eine der wesentlichen Formen der herrschenden bürgerlichen Ideologie dar: eine Ideologie, die die Schule als ein neutrales Milieu darstellt, in dem es keine Ideologie gibt (weil sie doch ... weltlich, d.h. von der Kirche getrennt [laique]) ist), wo Lehrer, die das »Gewissen« [conscience] und die »Freiheit« der Kinder respektieren, die ihnen anvertraut sind (in vollem Vertrauen) von Seiten der »Eltern« (welche ebenfalls frei sind, d.h. die Eigentümer ihrer Kinder), und sie durch das eigene Beispiel, ihre Kenntnisse, durch die Literatur und deren »befreiende« Kräfte selber wiederum zur Freiheit, zur Moralität und zur Verantwortlichkeit als Erwachsene Zugang finden lassen.

Ich bitte alle diejenigen Lehrer um Verzeihung, die unter entsetzlichen Bedingungen den Versuch machen, die wenigen Waffen, die sie in der Geschichte und in dem Wissen, das sie »lehren«, dafür finden können, gegen die Ideologie, gegen das System und gegen die Praktiken zu richten, in denen sie befangen sind. Sie sind eine Art von Helden. Aber sie sind auch sehr selten; und wie viele sind es (die Mehrheit!), die noch nicht einmal der Anfang eines Verdachts beschleicht in Bezug auf die »Arbeit«, welche das System (das weit über sie hinausgeht und sie zerbricht) sie zu vollziehen zwingt; schlimmer noch, wie viele setzen ihr ganzes Herz und ihren Erfindungsreichtum darein, diese Arbeit mit äußerster Gewissenhaftigkeit zustande zu bringen (die berühmten neuen Methoden [der Pädagogik]!). Sie haben so wenig auch nur eine Ahnung davon, dass sie in ihrer Ergebenheit selbst dazu beitragen, diese ideologische Vorstellung von der Schule zu pflegen und zu nähren, die heute für unsere Zeitgenossen die Schule ebenso »natürlich« und unentbehrlich-nützlich bzw. sogar wohltätig macht, wie vor einigen Jahrhunderten die Kirche unseren Ahnen als »natürlich«, unentbehrlich und großmütig vorkam.

In der Tat ist die Kirche heute durch die Schule in ihrer Rolle als beherrschender *ideologischer Staatsapparat* ersetzt worden. Die Schule ist mit der Familie zusammengespannt, ebenso wie einst die Kirche mit der Familie verkoppelt war. Man kann daher behaupten, dass die noch nie dagewesene tiefe Krise, welche in der ganzen Welt das Bildungssystem so vieler Staaten erschüttert hat – zumeist in Verbindung mit einer (bereits im *»Manifest«* angekündigten) Krise, die das Familiensystem angreift – eine politische Bedeutung gewinnt, wenn man nämlich in Betracht zieht, dass die Schule (und das Gespann Schule-Familie) den beherrschenden ideologischen Staatsapparat darstellt: den Apparat nämlich, der in der Reproduktion der Produktionsverhältnisse einer durch den weltweiten Klassenkampf in ihrer Existenz bedrohten Produktionsweise eine entscheidende Rolle spielt.

[…]

## Zum Thema der Ideologie

Als wir den Begriff des ideologischen Staatsapparates vorgeschlagen und gesagt haben, dass die ISA »durch den Rückgriff auf Ideologie funktionieren«, haben wir bereits eine Realität angesprochen, über die jetzt einige Worte zu sagen sind: die Ideologie.

Bekanntlich wurde der Ausdruck »Ideologie« von Cabanis, Destutt de Tracy und ihren Freunden geprägt, die ihr als Gegenstand die (genetische) Theorie der Ideen zuschrieben. Als Marx fünfzig Jahre später den Ausdruck wieder aufgreift, gibt er ihm, schon von seinen Jugendwerken an, einen ganz anderen Sinn. Die Ideologie ist nun das System von Ideen und Vorstellungen, das den Geist eines Menschen oder einer gesellschaftlichen Gruppe beherrscht. Der ideologisch-politische Kampf, wie er ihn seit seinen Artikeln in der »Rheinischen Zeitung« führte, hat Marx ganz rasch mit dieser Realität konfrontiert und dazu veranlasst, seine allerersten Intuitionen zu vertiefen.

Jedoch stoßen wir hier auf ein ziemlich erstaunliches Paradox. Alles schien Marx in die Richtung zu drängen, eine Theorie der Ideologie zu formulieren. In der Tat bietet uns die »Deutsche Ideologie«, nach den »Manuskripten von 44«, eine explizite Theorie der Ideologie, jedoch... diese ist, wie wir gleich sehen werden, nicht marxistisch. Was das *Kapital* betrifft, so enthält es zwar zahlreiche Hinweise für eine Theorie der Ideologien (wovon die Ideologie der Vulgärökonomen am besten sichtbar ist), es enthält jedoch nicht diese Theorie als solche, die weitgehend von einer Theorie der Ideologie im Allgemeinen abhängig ist.

Gerne nehme ich das Risiko auf mich, hierzu eine erste und noch sehr schematische Skizze vorzulegen. Die Thesen, die ich vortragen werde, sind zwar gewiss nicht improvisiert, aber sie können nur durch vertiefte Studien und Analysen aufrechterhalten und erprobt, d.h. bestätigt oder berichtigt werden.

## *Die Ideologie hat keine Geschichte*

Zunächst ein Wort, um den prinzipiellen Grund darzustellen, der mir das Projekt einer Theorie *der* Ideologie *im Allgemeinen* wenn auch nicht zu fundieren, so doch zu gestatten scheint, und keineswegs eine Theorie *der* besonderen Ideologien, die immer, in welcher Form (in religiöser, moralischer, juristischer oder politischer Form) sie sich auch darstellen, als solche *Klassenpositionen* zum Ausdruck bringen.

Man wird ganz offensichtlich an eine Theorie *der* Ideologien jedenfalls unter dem soeben erwähnten doppelten Verhältnis herangehen müssen. Und man wird dann feststellen, dass eine Theorie *der* Ideologien in letzter Instanz auf der Geschichte der Gesellschaftsformationen, also den in den Gesellschaftsformationen kombinierten Produktionsweisen und den sich darin entwickelnden Klassenkämpfen beruht. In diesem Sinne ist es klar, dass von einer Theorie *der* Ideologien *im Allgemeinen* keine Rede sein kann, denn *die* Ideologien (wenn sie in der oben erwähnten zweifachen Weise als regionale und als klassenspezifische definiert werden) haben eine Geschichte, deren Determination in letzter Instanz sich offensichtlich *außerhalb* der bloßen Ideologien befindet, so sehr sie diese auch betrifft.

Wenn ich demgegenüber das Projekt einer Theorie *der* Ideologie *im Allgemeinen* formulieren kann und wenn *diese* Theorie tatsächlich eines der Elemente ist, von denen *die* Theorien *der* Ideologien abhängen, so impliziert dies eine scheinbar paradox anmutende Behauptung, die ich folgendermaßen aussprechen möchte: *Die Ideologie hat keine Geschichte.*

Wie man weiß, findet sich diese Formulierung Wort für Wort an einer Stelle der *Deutschen Ideologie*. Marx formuliert sie in Bezug auf die Metaphysik, die, wie er sagt, eben so wenig eine Geschichte besitzt wie die Moral (und dabei ist der Hintergedanke bereits: wie alle anderen Formen der Ideologie).

In der »Deutschen Ideologie« steht diese Formulierung in einem geradezu positivistischen Kontext. Ideologie wird dort begriffen als eine pure Illusion, als ein reiner Traum, als ein

Nichts. Ihre gesamte Wirklichkeit liegt außerhalb ihrer selbst. Folglich wird die Ideologie als eine imaginäre Konstruktion gedacht, deren Status genau dem theoretischen Status des Traums bei den Autoren vor Freud entspricht. Für diese Autoren war der Traum das rein imaginäre und daher nichtige Ergebnis von »Tagesresten«, die sich in einer ganz willkürlichen Zusammensetzung und Ordnung und gelegentlich auch »verkehrt«, kurzum als »in der Unordnung« darstellten. Für sie war der Traum einfach das leere und nichtige Imaginäre, das mit geschlossenen Augen und völlig willkürlich aus den Resten der einzig vollen und positiven Wirklichkeit – der des Tages – »zusammengebastelt« wird. Genau so wird der Status der Philosophie und der Ideologie (denn die Philosophie erscheint hier als Ideologie *par excellence*) in der *Deutschen Ideologie* aufgefasst.

Die Ideologie war für Marx damals eine imaginäre Bastelei, ein reiner Traum, leer und nichtig, zusammengesetzt aus den »Tagesresten« der einzig vollen und positiven Wirklichkeit der konkreten Geschichte der konkreten, materiellen und materiell ihre Existenz produzierenden Individuen. In diesem Sinne hat die Ideologie in der *Deutschen Ideologie* also keine Geschichte, denn ihre Geschichte liegt außerhalb ihrer selbst, dort, wo die einzig existierende Geschichte existiert, die der konkreten Individuen usw. Die These, dass die Ideologie keine Geschichte hat, ist in der *Deutschen Ideologie* also eine rein negative These, denn sie bedeutet gleichzeitig:

1 – Die Ideologie ist nichts als ein reiner Traum (der durch eine ganz unbekannte Macht, wenn nicht gar durch die Entfremdung der Arbeitsteilung erzeugt wird – aber auch dies ist wiederum eine *negative* Bestimmung).

2 – Die Ideologie hat keine Geschichte, was aber keineswegs heißen soll, dass sie keine Geschichte hat (ganz im Gegenteil: sie ist lediglich der bleiche, leere und verkehrte Reflex der realen Geschichte), sondern nur dass sie keine *eigene* Geschichte hat.

Nun, die These, die ich vertreten möchte, unterscheidet sich grundsätzlich von der positivistisch-historizistischen These der *Deutschen Ideologie*, auch wenn sie formell die Begriffe der *Deutschen Ideologie* wieder aufgreift.

Denn einerseits glaube ich, die Auffassung vertreten zu können, dass *die* Ideologien *eine eigene Geschichte haben* (auch wenn diese in letzter Instanz durch den Klassenkampf determiniert ist), und andererseits glaube ich, gleichzeitig die Auffassung vertreten zu können, dass *die* Ideologie *im Allgemeinen keine Geschichte hat;* und zwar nicht in einem negativen Sinne (dass ihre Geschichte außerhalb ihrer selbst läge), sondern in einem absolut positiven Sinne.

Dieser Sinn ist positiv, wenn es wahr ist, dass die Eigenart der Ideologie darin besteht, dass sie eine Struktur und eine Funktionsweise hat, die sie zu einer nicht-historischen, d.h. zu einer *omnihistorischen* Realität machen, insofern diese Struktur und diese Funktionsweise in derselben Form in der so genannten gesamten Geschichte präsent sind – Geschichte dabei im Sinne des *Manifests* als Geschichte von Klassenkämpfen, d.h. als Geschichte der Klassengesellschaften, verstanden.

Um hier einen theoretischen Anhaltspunkt zu geben, nehme ich das Traumbeispiel wieder auf, und zwar dieses Mal im Sinne der freudschen Auffassung. Ich würde sagen, dass unsere Behauptung, die Ideologie habe keine Geschichte, unmittelbar mit der freudschen Behauptung in Beziehung gesetzt werden kann und muss, nach der *das Unbewusste ewig ist,* d.h. keine Geschichte hat (wobei diese Bezugnahme keineswegs willkürlich, sondern im Gegenteil theoretisch notwendig ist, denn zwischen den beiden Behauptungen besteht ein innerer Zusammenhang).

Wenn unter »ewig« nicht etwas jede (zeitliche) Geschichte Transzendierendes verstanden wird, sondern etwas, das allgegenwärtig und transhistorisch ist, sich also der Form nach unveränderlich über die gesamte Geschichte erstreckt, dann greife ich die freudsche Formulierung Wort für Wort auf und schreibe: *Die Ideologie ist ewig,* ebenso wie das Unbewusste ewig ist. Und ich füge hinzu, dass diese Annäherung [beider Theorien] mir theoretisch durch die Tatsache gerechtfertigt zu sein scheint, dass die Ewigkeit des Unbewussten nicht ohne Beziehung ist zur Ewigkeit der Ideologie im Allgemeinen.

Deshalb halte ich es für berechtigt, zumindest in Form einer Annahme eine Theorie *der* Ideologie im Allgemeinen vorzuschlagen, ebenso wie Freud eine Theorie *des* Unbewussten im Allgemeinen vorgelegt hat.

Um die Terminologie zu vereinfachen, sei es gestattet, sich unter Berücksichtigung dessen, was über die Ideologien gesagt wurde, einfach des Ausdrucks »Ideologie« zu bedienen, um die Ideologie im Allgemeinen zu bezeichnen, von der ich gerade sagte, dass sie keine Geschichte hat, oder – was auf das Gleiche hinausläuft – dass sie ewig, d.h. in ihrer unveränderlichen Form in der gesamten Geschichte (= Geschichte der Gesellschaftsformationen mit sozialen Klassen) allgegenwärtig ist. Ich beschränke mich zunächst in der Tat auf die »Klassengesellschaften« und deren Geschichte.

### *Die Ideologie ist eine »Repräsentation« des imaginären Verhältnisses der Individuen zu ihren realen Existenzbedingungen*

Um meine zentrale These über die Struktur und die Funktionsweise der Ideologie zu erörtern, werde ich zunächst zwei Thesen formulieren, deren eine negativ und deren andere positiv ist. Die erstere bezieht sich auf den in der imaginären Form der Ideologie »repräsentierten« Gegenstand, die andere bezieht sich auf die Materialität der Ideologie.

*These I:* Die Ideologie repräsentiert das imaginäre Verhältnis der Individuen zu ihren realen Existenzbedingungen.

Gewöhnlich sagt man von der religiösen Ideologie, von der moralischen Ideologie, von der juristischen Ideologie, von der politischen Ideologie usw., dass es sich jeweils um »Weltanschauungen« handele. Wohlgemerkt wird dabei eingeräumt, dass die Ideologie, von der man dann von einer kritischen Position aus spricht – wenn man nicht in einer dieser Ideologien als der »Wahrheit« lebt (indem man beispielsweise an Gott, an die Pflicht, an die Gerechtigkeit usw. »glaubt«) –, indem man sie untersucht wie ein Ethnologe die Mythen einer »primitiven Gesellschaft«, dass diese »Weltanschauungen« großenteils imaginär sind, d.h. »nicht der Realität entsprechen«.

Jedoch auch wenn man annimmt, dass sie nicht mit der Wirklichkeit übereinstimmen, also eine Illusion darstellen, nimmt man gleichzeitig an, dass sie auf die Wirklichkeit Bezug nehmen, auf sie »anspielen«, und dass es schon genügt, sie zu »interpretieren«, um hinter ihrer imaginären Darstellung der Welt die Wirklichkeit dieser Welt als solcher wiederzufinden (Ideologie = *Illusion/Allusion*).

Es gibt verschiedene Typen der Interpretation; deren bekannteste sind der im 18. Jahrhundert geläufige *mechanistische* Typus (Gott ist die imaginäre Repräsentation des realen Königs) und die *»hermeneutische«* Interpretation, welche durch die ersten Kirchenväter eingeführt und dann von Feuerbach und der von ihm ausgehenden theologisch-philosophischen Schule, wie etwa dem Theologen Barth usw., weitergeführt wurde (für Feuerbach beispielsweise ist Gott das Wesen des realen Menschen). Ich konzentriere mich hier gleich auf das Wesentliche, wenn ich sage, dass man, indem man die imaginäre Transposition (und Verkehrung) der Ideologie interpretiert, zu der Schlussfolgerung gelangt, dass in der Ideologie »die Menschen sich ihre realen Existenzbedingungen in einer imaginären Form repräsentieren«.

Diese Interpretation lässt bedauerlicherweise ein kleines Problem in der Schwebe: Warum »bedürfen« die Menschen überhaupt dieser imaginären Transposition ihrer realen Existenzbedingungen, um sich ihre realen Existenzbedingungen »zu repräsentieren«?

Die erste Antwort (die des 18. Jahrhunderts) schlägt eine einfache Lösung vor: Sie gibt den Priestern oder auch den Despoten die Schuld. Sie haben wunderbare Lügen »ausgeheckt«, damit die Menschen in dem Glauben, Gott zu gehorchen, in der Tat den Priestern oder den Despoten gehorchen, die bei ihrem Betrug in der Regel gemeinsame Sache machen, indem die Priester im Dienste der Despoten stehen und umgekehrt – je nach den politischen Positionen der betreffenden »Theoretiker«. Es gibt also eine Ursache für diese imaginäre Transposition der realen Existenzbedingungen: Diese Ursache liegt in der Existenz einiger weniger zynischer Menschen, die ihre Herrschaft und ihre Ausbeutung des »Volkes« auf einer verfälschten Repräsentation der Welt errichten, welche sie sich phantasievoll ausgedacht haben, um sich den Geist der Menschen durch die Beherrschung ihrer Phantasie zu unterwerfen.

Die zweite Antwort (diejenige Feuerbachs, die Marx in seinen *Jugendschriften* Wort für Wort übernommen hat) setzt »tiefer« an, d.h. sie ist genauso falsch. Auch sie sucht und findet eine Ursache für die imaginäre Transposition und Verzerrung der realen Existenzbedingungen der Menschen, kurzum für die Entfremdung im Imaginären der Vorstellungen, welche sich die Menschen von ihren Lebensbedingungen machen. Diese Ursache sind nicht mehr die Priester oder Despoten, noch die eigene Phantasie der aktiven [Ideologen], noch auch die passive Phantasie ihrer Opfer. Diese Ursache ist vielmehr die in den Existenzbedingungen der Menschen selbst herrschende materielle Entfremdung. So verteidigt Marx in der »Judenfrage« und anderswo den Feuerbachschen Gedanken, dass sich die Menschen eine entfremdete (= imaginäre) Vorstellung über ihre Existenzbedingungen bilden, weil diese Existenzbedingungen als solche entfremdend sind (in den *Manuskripten von 1844:* weil diese Bedingungen vom Wesen der entfremdeten Gesellschaft beherrscht werden: von der *»entfremdeten Arbeit«).*

Alle diese Interpretationen nehmen also die These wörtlich, wie sie sie unterstellen und wie sie ihnen zugrunde liegt: dass nämlich das, was man in der Ideologie als imaginäre Vorstellung von der Welt widergespiegelt findet, die Existenzbedingungen der Menschen, einfach deren reale Welt ist.

An dieser Stelle greife ich nun eine These auf, die ich bereits früher einmal aufgestellt habe:[29] Es sind nicht ihre realen Existenzbedingungen, ihre reale Welt, die sich die »Menschen« in der Ideologie »vorstellen«, sondern es ist vor allem ihr *Verhältnis* zu diesen Existenzbedingungen, das dort repräsentiert wird. Dieses Verhältnis als solches steht im Zentrum jeder ideologischen und

[29] Vgl. Für Marx, Frankfurt a.M. 1968, S. 184 [Peter Schöttler]. [Wiederveröffentlicht in: Louis Althusser, Für Marx, Frankfurt a.M. 2011, im Erscheinen. – fow]

folglich imaginären Vorstellung der realen Welt. In diesem Verhältnis als solchem ist die »Ursache« dafür enthalten, durch die die imaginäre Verzerrung der ideologischen Repräsentation der realen Welt zu erklären ist. Oder man muss – um die Sprache der Ursache einmal in der Schwebe zu lassen – vielmehr die These vertreten, dass es der *imaginäre Charakter dieses Verhältnisses als solches ist,* welcher dieser gesamten imaginären Verzerrung zugrunde liegt, wie man sie in jeder Ideologie beobachten kann (wenn man nicht in deren Wahrheit lebt).

Um eine marxistische Sprache zu sprechen: Wenn es wahr ist, dass die Vorstellung von den realen Existenzbedingungen derjenigen Individuen, die Positionen als Agenten der Produktion, der Ausbeutung, der Repression, der Ideologisierung und der wissenschaftlichen Praxis besetzten, in letzter Instanz von den Produktionsverhältnissen und den von den Produktionsverhältnissen abgeleiteten Verhältnissen abhängt, so können wir folgendes sagen: Jede Ideologie repräsentiert in ihrer notwendig imaginären Verzerrung nicht diese bestehenden Produktionsverhältnisse (und die anderen daraus abgeleiteten Verhältnisse), sondern vor allem das (imaginäre) Verhältnis der Individuen zu den Produktionsverhältnissen und den daraus abgeleiteten Verhältnissen. In der Ideologie wird also keineswegs das System der realen Verhältnisse repräsentiert, welche die Existenz der Individuen beherrschen, sondern das imaginäre Verhältnis dieser Individuen zu den realen Verhältnissen, unter denen sie leben.

Wenn dies aber so ist, wird die Frage nach der »Ursache« für die imaginäre Verzerrung der realen Verhältnisse in der Ideologie hinfällig und muss durch eine andere Frage ersetzt werden: Warum ist die den Individuen gegebene Vorstellung von ihrem (individuellen) Verhältnis zu den gesellschaftlichen Verhältnissen, die ihre Existenzbedingungen und ihr kollektives und individuelles Leben beherrschen, notwendigerweise imaginär? Und worin besteht der Charakter dieses Imaginären? So gestellt, schließt diese Frage jede Erklärung durch eine »Clique«[30] von Individu-

---

[30] Ich verwende absichtlich diesen sehr modernen Ausdruck. Denn die »Erklärung« einer bestimmten politischen Abweichung (Rechts- oder

en (Priestern oder Despoten) als Urhebern der großen ideologischen Mystifikation ebenso aus wie die Erklärung durch den entfremdeten Charakter der wirklichen Welt. Wir werden im weiteren Verlauf unserer Darstellung noch sehen, warum. Zunächst aber gehen wir an diesem Punkt nicht weiter.

*These II:* Die Ideologie hat eine materielle Existenz.

Wir haben diese These bereits gestreift, als wir sagten, dass die »Ideen« oder »Vorstellungen« usw., aus denen die Ideologie zusammengesetzt scheint, nicht etwa eine ideale, ideelle oder geistige, sondern eine materielle Existenz besäßen. Wir haben sogar den Gedanken angeregt, dass die ideale, ideelle und geistige Existenz von »Ideen« ausschließlich zu einer Ideologie der »Idee« und der Ideologie gehört und – wie wir hier hinzufügen können – einer Ideologie dessen, was diese Auffassung seit dem Aufkommen der Wissenschaften zu »begründen« scheint: also eben dessen, was sich die Praktiker der Wissenschaften in ihrer spontanen Ideologie als wahre oder falsche »Ideen« vorstellen. Selbstverständlich ist diese hier von uns in der Form einer Behauptung vorgetragene These dadurch noch längst nicht bewiesen. Wir bitten einfach nur darum, sie mit einem wohlwollenden Vorurteil – sagen wir, im Namen des Materialismus – aufzunehmen. Um sie zu beweisen, wären längere Gedankenentwicklungen notwendig.

Diese zunächst noch mutmaßliche These von der nicht-geistigen, sondern materiellen Existenz von »Ideen« oder anderen »Vorstellungen« brauchen wir nämlich dafür, um in unserer Analyse des Charakters der Ideologie voranzukommen. Oder eher noch ist sie uns ganz einfach von Nutzen, um einen Zusammenhang als solchen besser herauszupräparieren, den jede einigermaßen ernsthafte Analyse jeder beliebigen Ideologie für jeden auch nur ein wenig kritischen Beobachter unmittelbar, ganz empirisch, zeigt.

---

Linksopportunismus) durch den Einfluss einer »Clique« ist unglücklicherweise selbst in kommunistischen Milieus sehr geläufig.

Als wir uns auf die ideologischen Staatsapparate und ihre Praktiken bezogen haben, sagten wir, dass jeder von ihnen die Realisierung einer Ideologie darstelle (wobei die Einheit dieser verschiedenen regionalen Ideologien – der religiösen, der moralischen, der juristischen, der politischen, der ästhetischen Ideologie usw. – durch ihre Subsumtion unter die herrschende Ideologie gewährleistet wird). Wir greifen diese These hier wieder auf: Eine Ideologie existiert immer in einem Apparat und in dessen Praxis oder dessen Praktiken. Diese Existenz ist materiell.

Selbstverständlich besitzt die materielle Existenz der Ideologie in einem Apparat und in dessen Praktiken nicht die gleiche Modalität wie die materielle Existenz eines Pflastersteins oder eines Gewehrs. Aber selbst auf die Gefahr hin, als Neoaristoteliker gescholten zu werden (wir weisen allerdings darauf hin, dass Marx Aristoteles sehr hoch geschätzt hat), behaupten wir, dass »die Materie in mehrfacher Bedeutung ausgesagt wird«, oder besser noch, dass sie in verschiedenen Modalitäten existiert, die alle letztlich in der »physikalischen« Materie wurzeln.

Nachdem wir dies festgehalten haben, wollen wir den kürzesten Weg nehmen und schauen uns an, was in den »Individuen« geschieht, die in der Ideologie leben, d.h. in einer bestimmten (religiösen, moralischen usw.) Repräsentation der Welt, deren imaginäre Verzerrung von ihrem imaginären Verhältnis zu ihren Existenzbedingungen abhängt – d.h. in letzter Instanz von den Produktions- und Klassenverhältnissen (Ideologie = imaginäres Verhältnis zu realen Verhältnissen). Wir behaupten, dass dieses imaginäre Verhältnis selbst über eine materielle Existenz verfügt.

Und wir stellen nun folgendes fest.

Ein Individuum glaubt an Gott oder an die Pflicht oder die Gerechtigkeit usw. Dieser Glaube hängt (bei jedem, d.h. bei all denjenigen, die in einer ideologischen Vorstellung der Ideologie leben, welche die Ideologie auf Ideen reduziert, welche per definitionem eine geistige Existenz haben) von den Ideen dieses Individuums ab, also von ihm selbst als einem mit Bewusstsein, welches die Ideen seines Glaubens enthält, versehenen Subjekt. Auf dieser Grundlage, d.h. aus dieser absolut ideologischen »begrifflichen« Konfiguration [dispositif] (eines Subjektes, das ein Bewusstsein hat, innerhalb dessen es die Ideen, an welche es glaubt, frei bilden oder sich freiwillig in ihnen wiedererkennen kann) heraus ergibt sich dann völlig natürlich das (materielle) Verhalten des besagten Subjekts.

Das fragliche Individuum verhält sich in der einen oder anderen Weise, entscheidet sich für dieses oder jenes praktische Verhalten und nimmt vor allem als Subjekt an bestimmten geregelten Praktiken teil, welche die des ideologischen Staatsapparats sind, von dem seine bei vollem Bewusstsein frei gewählten Ideen »abhängig« sind. Wenn es an Gott glaubt, geht es in die Kirche, um der Messe beizuwohnen, es kniet nieder, es betet, es beichtet, es tut Buße (diese war einst im heute geläufigen Sinne des Wortes materieller Art) und selbstverständlich bereut es und macht dann weiter usw. Wenn es an die Pflicht glaubt, wird es ein entsprechendes Verhalten an den Tag legen, das in bestimmte rituelle Praktiken eingebettet ist, welche »mit den guten Sitten übereinstimmen«. Wenn es an die Gerechtigkeit glaubt, wird es sich den Regeln des Rechts ohne Widerrede unterwerfen und womöglich sogar protestieren, wenn diese verletzt werden, und Petitionen unterschreiben, an einer Demonstration teilnehmen usw.

Bei diesem ganzen Schema stellen wir also fest, dass die ideologische Vorstellung von der Ideologie sich selbst dazu gezwungen sieht anzuerkennen, dass jedes »Subjekt«, das mit einem »Bewusstsein« ausgestattet ist und an die »Ideen« glaubt, welche sein »Bewusstsein« ihm eingibt und freiwillig akzeptiert, auch »seinen Ideen entsprechend *handeln*« muss, also seine eigenen Ideen als freies Subjekt in die Taten seiner materiellen Praxis einschreiben muss. Wenn es dies nicht tut, »dann ist das nicht gut«.

In Wahrheit heißt das, dass es, wenn es nicht das tut, was es aufgrund seines Glaubens tun müsste, etwas anderes tut, was dann – immer noch gemäß demselben idealistischen Schema – vermuten lässt, dass es andere als die von ihm proklamierten Ideen im Kopf hat und dass es diesen anderen Ideen entsprechend handelt – als ein »inkonsequenter« (»Niemand ist freiwillig böse«), ein zynischer oder ein perverser Mensch.

Auf jeden Fall erkennt also die Ideologie der Ideologie – trotz ihrer imaginären Verzerrung – durchaus an, dass die »Ideen« eines menschlichen Subjekts in seinen Taten existieren oder in seinen Taten existieren müssen; und sofern das nicht der Fall ist, schreibt sie ihm »leihweise« andere Ideen zu, die seinen Taten entsprechen (selbst wenn sie pervers sind). Diese Ideologie spricht von Taten; wir werden von Taten sprechen, die in *Praktiken* eingebettet sind. *Und* wir werden bemerken, dass diese Praktiken durch *Rituale,* in die sie sich einschreiben, geregelt sind, im Rahmen der *materiellen Existenz eines ideologischen Apparates* – und sei es auch nur um eines ganz kleinen Teils dieses Apparates: ein kleiner Gottesdienst in einer kleinen Kirche, eine Beerdigung, ein Wettkampf in einem Sportverein, ein Tag in einer Schulklasse oder auch eine Versammlung oder eine Kundgebung einer politischen Partei usw.

Wir verdanken übrigens der defensiven »Dialektik« Pascals jene wunderbare Formulierung, die es uns ermöglichen wird, die Ordnung des traditionellen Begriffsschemas der Ideologie umzukehren. Pascal sagt ungefähr folgendes: »Knie nieder, bewege die Lippen zum Gebet, und Du wirst glauben.« Damit kehrt er auf skandalöse Weise die Ordnung der Dinge um und bringt (wie Christus) nicht den Frieden, sondern die Zwietracht und sogar den Skandal als solchen, was sehr wenig christlich ist (denn wehe dem, durch den der Skandal in die Welt kommt). Was für ein glücklicher Skandal, der ihn dazu bringt, aufgrund seiner jansenistischen Wette eine Sprache zu sprechen, welche die Wirklichkeit als solche bezeichnet.

Man wird uns gestatten, Pascal seinen Argumentationen des ideologischen Kampfes innerhalb des religiösen ideologischen Staatsapparates seiner Zeit zu überlassen. Und man wird uns darüber hinaus auch gerne gestatten, so weit wie möglich eine direkte marxistische Sprache zu sprechen, denn wir stoßen hier in bisher kaum erforschte Bereiche vor.

Wir werden also sagen, indem wir nur ein Subjekt (ein ganz beliebiges Individuum) betrachten, dass die Existenz der Ideen seines Glaubens selbst materiell ist, *insofern seine Ideen seine materiellen Taten sind, welche in materielle Praktiken eingebet-*

*tet und durch materielle Rituale geregelt sind, die ihrerseits wiederum durch den materiellen ideologischen Apparat definiert werden, zu dem die Ideen dieses Subjekts gehören.* Natürlich sind die vier Adjektive »materiell«, wie sie in unserem Satz vorkommen, jeweils unterschiedlichen Modalitäten zuzuordnen: Die Materialität einer Ortsveränderung, um zur Messe zu gehen, eines Kniefalls, einer Geste der Bekreuzigung oder des *mea culpa*, eines Satzes, eines Gebetes, einer Reue, einer Buße, eines Blicks, eines Händedrucks und einer als solcher geäußerten wörtlichen Rede oder einer nach »innen« gerichteten wörtlichen Rede (das Gewissen) gehören nicht zu ein und derselben Materialität. Wir lassen die Frage der Theorie der Unterschiedlichkeit der Modalitäten der Materialität hier in der Schwebe.

Es bleibt aber wahr, dass wir es bei dieser Darstellung der umgekehrten Dinge dennoch nicht mit einer »Umkehrung« [renversement] zu tun haben, weil wir nämlich feststellen können, dass bestimmte Begriffe ganz einfach aus der neuen Darstellung verschwunden sind, während andere im Gegenteil darin anwesend bleiben und neue Ausdrücke darin auftreten.

Was verschwunden ist: das Wort *Ideen.*

Geblieben sind: die Wörter *Subjekt, Bewusstsein, Glaube, Taten.*

Neu treten auf: die Wörter *Praktiken, Rituale, ideologischer Apparat.*

Es handelt sich also nicht um eine Umkehrung (höchstens in dem Sinne, in dem [im Französischen] auch ein Regierungssturz als eine Umkehrung bezeichnet oder mit demselben Wort davon gesprochen wird, dass ein Glas umgedreht wurde), sondern es geht um eine ziemlich befremdliche Umbildung (in der es allerdings nicht um Ministerien geht), denn wir erhalten jetzt das folgende Ergebnis:

Die Ideen sind als solche verschwunden (insofern sie mit einer idealen, geistigen Existenz versehen sind), und zwar in genau dem Maße, wie es klar hervorgetreten ist, dass ihre Existenz in die Taten der durch Rituale geregelten Praktiken eingebettet ist, wie sie in letzter Instanz durch einen ideologischen Apparat definiert werden. Es tritt also klar hervor, dass das Subjekt handelt, insofern dies durch das folgende System bewirkt wird (das wir hier in seiner realen Ordnung von Bestimmungen aufführen): durch eine Ideologie, die innerhalb eines materiellen ideologischen Apparates existiert, materielle Praktiken vorschreibt, welche durch ein materielles Ritual geregelt sind, wobei diese Praktiken wiederum in den materiellen Taten eines Subjektes existieren, das mit vollem Bewusstsein seinem Glauben entsprechend agiert.

Aber genau diese Darstellung bringt zum Vorschein, dass wir folgende Begriffe beibehalten haben: Subjekt, Bewusstsein, Glaube, Taten. Aus dieser Folge ziehen wir sogleich den zentralen, den entscheidenden Begriff heraus, von dem alles abhängt: den Begriff des *Subjektes.* Und wir formulieren sogleich zwei eng miteinander verbundene Thesen:

1 – Es gibt Praxis nur durch und unter einer Ideologie.

2 – Es gibt Ideologie nur durch das Subjekt und nur für Subjekte.

Wir können damit jetzt zu unserer zentralen These kommen.

## *Die Ideologie ruft die Individuen als Subjekte an*

Diese These ist eigentlich nur eine explizite Ausformulierung unserer letzten Behauptung: Es gibt Ideologie nur durch das Subjekt und nur für Subjekte. Verstehen wir das richtig: Es gibt Ideologie nur für konkrete Subjekte, und diese Zweckbestimmung der Ideologie kann nur durch das Subjekt erfolgen: was zu verstehen ist als *durch die Kategorie des Subjektes* und deren Funktionsweise.

Wir wollen damit folgendes sagen: Selbst wenn die Kategorie des Subjektes erst mit dem Aufkommen der bürgerlichen Ideologie und vor allem mit dem Aufkommen der juristischen Ideologie[31] unter dieser Bezeichnung (als das Subjekt) auftritt, ist

[31] Sie leiht sich die juristische Kategorie des »Rechtssubjektes« aus, um daraus einen ideologischen Begriff zu machen: Der Mensch ist von Natur aus ein Subjekt.

diese Kategorie (die auch unter anderen Bezeichnungen funktionieren kann: z.B. bei Platon als die Seele, als Gott usw.) die konstitutive Kategorie jeder Ideologie, was auch immer deren (regionale oder klassenspezifische) konkrete Bestimmung sein mag und zu welchem historischen Datum sie gehören mag – denn die Ideologie hat keine Geschichte.

Wir sagen: Die Kategorie des Subjektes ist konstitutiv für jede Ideologie. Aber gleichzeitig fügen wir sogleich hinzu, *dass die Kategorie des Subjektes nur insofern konstitutiv für jede Ideologie ist, als jede Ideologie die (sie definierende) Funktion hat, konkrete Individuen zu Subjekten zu »konstitutieren«.* Aus diesem Wechselspiel einer doppelten Konstituierung besteht die Funktionsweise jeder Ideologie, denn die Ideologie ist gar nichts anderes als ihr Funktionieren in den materiellen Existenzformen dieses ihres Funktionierens.

Um im Folgenden klar sehen zu können, muss man darauf hingewiesen werden, dass sowohl der Verfasser dieser Zeilen als auch der Leser, der sie liest, ihrerseits Subjekte sind, also ideologische Subjekte (was eine rein tautologische Aussage ist); d.h. dass sowohl der Verfasser als auch der Leser dieser Zeilen »spontan« oder »natürlich« in der Ideologie leben, in dem Sinne, wie wir davon gesprochen haben, dass »der Mensch von Natur aus ein ideologisches Lebewesen ist«.

Dass der Verfasser, indem er die Zeilen eines Diskurses niederschreibt, der wissenschaftlich zu sein beansprucht, in »seinem« wissenschaftlichen Diskurs als »Subjekt« vollständig abwesend ist (denn jeder wissenschaftliche Diskurs ist definitionsgemäß ein Diskurs ohne Subjekt, und es gibt nur in einer Ideologie der Wissenschaft ein »Subjekt der Wissenschaft«), dies ist eine ganz andere Frage, die wir im Augenblick einmal beiseite lassen wollen.

Paulus hat das ganz bewunderungswürdig formuliert: Im »Logos« – was wir als in der Ideologie verstehen – ist »das Sein, die Bewegung und das Leben«. Daraus folgt, dass für Sie [den Leser] ebenso wie für mich [den Verfasser] die Kategorie des Subjektes eine primäre »Evidenz« ist (Evidenzen sind immer primär): Es ist einfach klar, dass Sie und ich (freie, moralische usw.)

Subjekte sind. Wie alle Evidenzen, einschließlich derjenigen, die bewirken, dass ein Wort »eine Sache bezeichnet« oder »eine Bedeutung besitzt« (also auch einschließlich der Evidenzen der sprachlichen »Transparenz«), ist auch die »Evidenz«, dass Sie und ich Subjekte sind – und dass dies nicht zum Problem wird –, ein ideologischer Effekt, ja der elementare ideologische Effekt.[32] In der Tat besteht die eigenartige Wirkung der Ideologie gerade darin, die Evidenzen als Evidenzen durchzusetzen (ohne dass es ihr anzumerken wäre, denn es sind doch »Evidenzen«, die wir eben nicht in der Lage sind nicht *anzuerkennen* [reconnaître], und angesichts derer wir die unvermeidliche und natürliche Reaktion an den Tag legen (lauthals oder in der »Stille unseres Bewusstseins«), geradezu auszurufen: »Das ist evident! Genau so ist es! Das ist wahr!«

In dieser Reaktion wird die Funktion der ideologischen *Wiedererkennung und Anerkennung* [reconnaissance] ausgeübt, als eine der beiden Funktionen der Ideologie als solcher (ihre Kehrseite ist die [zweite] Funktion der Verkennung [méconnaissance]).

Um ein hochgradig »konkretes« Beispiel zu nehmen: Wir alle haben Freunde, die, wenn sie bei uns anklopfen und wir durch die geschlossene Tür fragen: »Wer ist da?«, antworten (denn »das ist evident«): »*Ich* bin es!« Und wir erkennen in der Tat wieder, dass »sie es ist« oder dass »er es ist«. Wir öffnen die Tür und »es ist wahr, sie ist es wirklich, die da steht«. Um ein anderes Beispiel zu nehmen: Wenn wir jemanden aus unserer »Bekanntschaft«[33] auf der Straße wiedererkennen, geben wir ihm ein Zeichen, dass wir ihn wiedererkannt haben (und dass wir wiedererkannt haben, dass er uns wiedererkannt hat), indem wir sagen:

---

32 Die Linguisten und alle, die zu verschiedenen Zwecken die Linguistik zur Hilfe nehmen wollen, scheitern oft an den Schwierigkeiten, die sich daraus ergeben, dass sie das Spiel der ideologischen Effekte in allen Diskursen verkennen – das auch die wissenschaftlichen Diskurse mit einschließt.

33 Althusser versucht hier ein Wortspiel, das sich nicht übersetzen lässt, in dem er die »Bekanntschaft« [connaissance] als von uns »Wiedererkannte« [re-connaissance] anspricht. [fow]

»Guten Tag, mein Lieber!« und ihm die Hand schütteln (die zumindest in Frankreich übliche materielle rituelle Praxis der ideologischen Wiedererkennung im Alltag; in anderen Ländern gibt es andere Rituale).

Mit dieser Vorbemerkung und diesen konkreten Veranschaulichungen will ich nur darauf hinweisen, dass Sie und ich *immer schon* Subjekte sind und dass wir als solche ununterbrochen Rituale der ideologischen Wiedererkennung praktizieren, welche uns garantieren, dass wir ganz einfach konkrete, individuelle, unverwechselbare und natürlich unersetzliche Subjekte sind. Die Schrift, die ich in diesem Augenblick aufschreibe, und die Lektüre, mit der Sie in diesem Augenblick[34] beschäftigt sind, sind in dieser Hinsicht ebenfalls Rituale der ideologischen Wiedererkennung – einschließlich der »Evidenz«, mit der sich Ihnen die »Wahrheit« oder der »Irrtum« meiner Überlegungen aufdrängen mag.

Aber wiederzuerkennen, dass wir Subjekte sind und dass wir in den praktischen Ritualen des allereinfachsten Alltagslebens funktionieren (dem Händedruck, dem Akt, dass ich Sie beim Namen nenne, dem weiteren Akt, zu wissen, dass Sie einen Eigennamen »haben«, der, auch wenn ich ihn nicht kenne, Sie als einmaliges Subjekt identifizierbar macht usw.) – dieses Wiedererkennen verschafft uns allenfalls das »Bewusstsein« unserer unaufhörlichen (ewigen) Praxis der ideologischen Wiedererkennung (ein Bewusstsein davon, d.h. eben ihre *Wiedererkennung [reconnaissance]*) – aber es verschafft uns keineswegs die (wissenschaftliche) *Erkenntnis [connaissance]* des Mechanismus dieser Wiedererkennung. Zu dieser Erkenntnis muss man aber vordringen, wenn man – obwohl man in der Ideologie und aus der Ideologie heraus spricht – einen Diskurs umreißen will, der mit der Ideologie zu brechen versucht, um sich auf das Risiko ein-

[34] Wohlgemerkt liegt in dieser doppelten »Augenblicklichkeit« einmal mehr der Beweis dafür, dass die Ideologie »ewig« ist – denn diese beiden »Augenblicke« sind durch einen beliebig großen Zeitabstand voneinander getrennt. Ich schreibe diese Zeilen am 6. April 1969 und Sie lesen sie zu einem völlig beliebigen Zeitpunkt.

zulassen, den Anfang eines wissenschaftlichen Diskurses (ohne Subjekt) über die Ideologie zu bilden.

Um also zur Darstellung zu bringen, warum die Kategorie des Subjekts für die Ideologie konstitutiv ist – die nämlich nur dadurch existiert, dass sie die konkreten Subjekte als Subjekte konstituiert –, werde ich mich daher einer besonderen Darstellungsweise bedienen: »konkret« genug, um wiedererkannt zu werden, aber auch abstrakt genug, um gedacht werden zu können und dann auch gedacht zu werden, so dass dadurch eine Erkenntnis entsteht.

In einer allerersten Formulierung möchte ich sagen: *Jede Ideologie ruft die konkreten Individuen als konkrete Subjekte an, indem die* Kategorie des Subjektes funktioniert.

Damit haben wir eine Behauptung, die ihrerseits impliziert, dass wir zunächst einmal unterscheiden zwischen den konkreten Individuen einerseits und den konkreten Subjekten andererseits, auch wenn es auf dieser Ebene kein konkretes Subjekt gibt, das nicht ein konkretes Individuum zum Träger hätte.

Wir legen damit jetzt den Gedanken nahe, dass die Ideologie auf die Weise »agiert« oder eben »funktioniert«, dass sie unter den Individuen (sie rekrutiert sie alle) Subjekte »rekrutiert« oder die Individuen (sie transformiert sie alle) in Subjekte »transformiert« und zwar durch eine ganz genau bestimmte Operation, die wir *Anrufung* [interpellation] nennen. Man kann sich diese Anrufung anhand des Typs der banalsten alltäglichen Anrufung vorstellen, wie sie etwa von Polizei wegen[35] oder auch ohne diese Zuspitzung erfolgt: »He, Sie da!«[36]

Einmal unterstellt, dass die vorgestellte theoretische Szene sich auf der Straße abspielt, dann dreht sich das angerufene Individuum um. Durch diese einfache physische Wendung um 180 Grad wird es zum *Subjekt.* Warum? Weil es damit anerkennt,

---

[35] Im Französischen dient die »Anrufung« [interpellation] zugleich als Begriff für eine »Festnahme«, an deren Anfang immer eine identifizierende Anrufung steht: »Herr Wolf, hiermit sind Sie festgenommen!« [fow]

[36] Die Anrufung als alltägliche Praxis, die von einem genau festgelegten Ritual geregelt ist, nimmt in der polizeilichen Praxis der Interpellation von »Verdächtigen« eine ganz »besondere« Gestalt an. [vgl. Anm. 35, fow]

dass der Anruf »genau« ihm galt und dass es »gerade es war, das angerufen wurde« (und niemand anderes). Wie die Erfahrung zeigt, verfehlen die praktischen Telekommunikationen der Anrufung praktisch niemals ihren Mann: Ob durch mündlichen Zuruf oder durch ein Pfeifen, der Angerufene erkennt immer genau, dass gerade er es war, der angerufen wurde. Dies ist trotz allem ein befremdliches Phänomen, das nicht allein dadurch erklärt werden kann, auch wenn es eine Vielzahl von Leuten gibt, die »sich etwas vorzuwerfen haben«, dass die Angesprochenen ein »Schuldgefühl« hätten.

Selbstverständlich haben wir der Einfachheit halber und um der Klarheit der Darstellung willen in unserem kleinen theoretischen Schauspiel die Dinge in der Form einer Abfolge präsentieren müssen, mit einem Vorher und einem Nachher, d.h. in der Form eines zeitlichen Ablaufs. Es gibt Individuen, die spazieren gehen. Irgendwo (im Allgemeinen hinter ihrem Rücken) erschallt der Anruf: »He, Sie da!« Ein Individuum (in 90% der Fälle ist es der Gemeinte) dreht sich um – in dem Glauben, dem Verdacht, dem Wissen, dass es gemeint sei – und es erkennt damit an, dass es »genau es ist«, an den sich der Anruf richtet. Aber in Wirklichkeit treten diese Dinge ohne jede zeitliche Abfolge auf. Die Existenz der Ideologie und die Anrufung der Individuen als Subjekte sind eine und dieselbe Sache.

Wir können hinzufügen: Alles das, was sich derart außerhalb der Ideologie abzuspielen scheint (ganz genau formuliert: auf der Straße), spielt sich in Wirklichkeit innerhalb der Ideologie ab. Was sich in Wirklichkeit innerhalb der Ideologie abspielt, scheint sich also außerhalb ihrer abzuspielen. Eben deshalb glauben diejenigen, die sich innerhalb der Ideologie befinden, geradezu definitionsgemäß, sich außerhalb der Ideologie zu befinden. Es ist eine der Wirkungen der Ideologie, dass durch die Ideologie der ideologische Charakter der Ideologie *geleugnet* wird. Die Ideologie sagt niemals: »Ich bin ideologisch.« Man muss sich außerhalb der Ideologie befinden, d.h. in der wissenschaftlichen Erkenntnis, um sagen zu können: Ich bin in der Ideologie (was ganz außergewöhnlich ist), oder (was ganz allgemein vorkommt): Ich war in der Ideologie. Man weiß nur zu gut, dass der

Vorwurf, man befinde sich in der Ideologie, immer nur für die anderen gilt, niemals für einen selber (es sei denn, man ist wahrhaft Spinozist oder Marxist, was in diesem Punkt genau dasselbe ist). Daraus ergibt sich, dass die Ideologie (für sich) *kein Äußeres kennt,* aber zugleich (für die Wissenschaft und in Wirklichkeit) *nur Äußeres ist.*

Spinoza hat dies zweihundert Jahre vor Marx vollkommen expliziert, während Marx es praktiziert hat, ohne es im Einzelnen zu explizieren. Aber lassen wir diesen Punkt beiseite, obwohl er schwerwiegende Konsequenzen enthält, nicht nur theoretischer, sondern auch unmittelbar politischer Art, weil beispielsweise die gesamte Theorie der *Kritik und der Selbstkritik*, jener goldenen Regel der Praxis des marxistisch-leninistischen Klassenkampfes, davon abhängig ist.

Die Ideologie ruft also die Individuen als Subjekte an. Da die Ideologie ewig ist, müssen wir jetzt die Form der Zeitlichkeit aufheben [supprimer], in der wir das Funktionieren der Ideologie dargestellt haben, und wir müssen sagen: Die Ideologie hat immer schon die Individuen als Subjekte angerufen, was wiederum die Präzisierung bedeutet, dass sich die Individuen immer schon durch die Ideologie als Subjekte angerufen sehen. Das führt uns schließlich zu einer letzten Behauptung: *Die Individuen sind immer schon Subjekte.* Also sind die [konkreten] Individuen in Bezug auf die Subjekte, die sie immer schon sind, »abstrakt«. Diese Behauptung kann wie eine Paradoxie erscheinen.

Dass ein Individuum immer schon, selbst vor seiner Geburt, ein Subjekt ist, ist nichts weiter als die einfache, für jedermann überprüfbare Wirklichkeit und keineswegs eine Paradoxie. Dass die Individuen immer »abstrakt« sind in Bezug auf die Subjekte, die sie immer schon sind, ist von Freud gezeigt worden, indem er einfach darauf hinwies, mit welchem ideologischen Ritual die Erwartung einer »Geburt«, dieses »freudigen Ereignisses«, umgeben ist. Jeder weiß doch, wie stark und auf welche Weise das Kind erwartet wird, dessen Geburt bevorsteht. Damit wird, ganz prosaisch, ausgesagt (wenn wir uns darauf verständigen, an dieser Stelle die »Gefühle« beiseite zu lassen, d.h. die väterlichen, mütterlichen, ehelichen oder geschwisterlichen Formen der familialen Ideologie, in denen das Kind, dessen Geburt bevorsteht, nach seiner Zeugung »erwartet« wird): Es steht von vorneherein fest,[37] dass es den Namen seines Vaters tragen wird, also eine Identität haben und durch niemanden zu ersetzen sein wird. Noch bevor das Kind geboren ist, ist es immer schon Subjekt, ist es in und durch die spezifische familiale ideologische Konfiguration zum Subjekt bestimmt, in der es nach der Zeugung »erwartet« wird. Es ist eigentlich ganz unnötig, noch extra zu sagen, dass diese familiale ideologische Konfiguration in ihrer Einmaligkeit doch fest durchstrukturiert ist und dass das ehemalige künftige Subjekt [ancien futur-sujet] in dieser unerbittlichen, mehr oder weniger »pathologischen« (einmal vorausgesetzt, diesem Ausdruck lässt sich ein Sinn zuschreiben) Struktur »seinen« Platz »finden« muss, d.h. zu dem sexuellen Subjekt (Junge oder Mädchen) werden muss, das es bereits im Vorhinein ist. Man wird begreifen, dass dieser ideologische Zwang und diese vorgängige ideologische Zuschreibung sowie auch alle Rituale der Aufzucht und später der Erziehung im Rahmen der Familie mit dem zu tun haben, was Freud in den Formen der prägenitalen und der genitalen »Phase« der Sexualität untersucht hat, also dem »Zugriff« dessen, was Freud an seinen Wirkungen als das Unbewusste ausgemacht hat. Aber lassen wir auch diesen Punkt beiseite.

Gehen wir noch einen Schritt weiter. Worauf wir jetzt unsere Aufmerksamkeit richten, ist die Art und Weise, wie die »Darsteller« dieser Inszenierung der Anrufung und ihre jeweiligen Rollen sich in der Struktur jeder Ideologie als solcher widerspiegeln.

---

[37] Althusser bezieht sich auf das konkrete Beispiel der französischen Verhältnisse in den 1960er Jahren. Aber auch etwa in Verhältnissen, in denen Kinder nicht automatisch den Namen des Vaters tragen oder auch nicht vor der Geburt benannt werden, wird ihnen beispielsweise eine »Identität« zugeschrieben. [fow]

### *Ein Beispiel: Die christliche religiöse Ideologie*

Da die formale Struktur jeder Ideologie immer die gleiche[38] ist, werden wir uns darauf beschränken, ein einziges, jedermann zugängliches Beispiel zu untersuchen – nämlich die christliche religiöse Ideologie. Wir stellen dabei klar, dass sich der gleiche Beweisgang auch für die moralische, die juristische, die politische, die ästhetische Ideologie usw. wiederholen ließe.

Wenden wir uns also der christlichen religiösen Ideologie zu. Wir werden eine rhetorische Figur verwenden und sie »zum Sprechen bringen«, d.h. wir werden in einer fiktiven Rede dasjenige zusammentragen, was diese Ideologie »sagt«, und zwar nicht nur in ihren beiden *Testamenten*, durch ihre Theologen und in ihren Predigten, sondern auch in ihren Praktiken, ihren Ritualen, ihren Zeremonien und ihren Sakramenten. Die christliche religiöse Ideologie sagt ungefähr dieses:

Sie sagt: Ich spreche Dich an, Du menschliches Individuum mit Namen Pierre[39] (jedes Individuum wird bei seinem Namen genannt und zwar in einer passiven Bedeutung, denn es ist nie es selbst, das sich seinen Namen gibt[40]), um Dir zu sagen, dass Gott existiert und dass Du ihm Rechenschaft schuldest. Sie fügt hinzu: Gott spricht zu Dir mit meiner Stimme (die Heilige Schrift

---

[38] Im Französischen wird verbal nicht scharf zwischen dem Gleichen (Gleichheit) und dem Selben (Identität) unterschieden, wie es im Deutschen immerhin möglich ist. Das Erstere gilt aber auch für große Teile der gesamten philosophischen Tradition, insbesondere seit Hegels Dialektik. Die scharfe Unterscheidung zwischen Gleichheit und Unterschiedenheit einerseits und Identität und Verschiedenheit andererseits ist selbst immer noch eine philosophische These. Klar ist jedenfalls, dass es innerhalb der Ideologie um Identität (und Alterität) geht, während »in der Wissenschaft« von Gleichheit und Unterschiedenheit die Rede ist. [fow]

[39] Zur zentralen Bedeutung des zweiten Vornamens »Pierre« in Althussers persönlicher Geschichte vgl. Gérard Pommier, La mélancolie. Vie et œuvre d'Althusser, Paris 1998, 75ff. [fow]

[40] Auch dies ist in Wirklichkeit etwas komplizierter: Autorennamen, »noms de plume«, und Pseudonyme sind in aller Regel selbst gewählt. Aber sie sind eben nur »ausgewählt« und setzen in der Tat eine erfolgreiche primäre Namens*gebung* voraus. [fow]

hat das Wort Gottes festgehalten, die Tradition hat es überliefert, die Unfehlbarkeit des Papstes hat die »heiklen« Punkte ein für alle Mal eindeutig festgesetzt[41]). Sie sagt: Siehe, wer Du bist, Du bist Pierre! Siehe, woher Du kommst: Du bist von Gott seit aller Ewigkeit geschaffen, auch wenn Du erst 1920 nach Christus geboren bist! Siehe, welches Dein Platz in der Welt ist! Siehe, was Du zu tun hast! Auf diesem Wege wirst Du, wenn Du das Gebot der »Nächstenliebe« befolgst, erlöst werden! Du, Pierre, wirst dann zum Glorreichen Leib Christi gehören! usw. usf.

Eine solche Rede ist nur allzu bekannt und banal, aber sie enthält zugleich etwas ganz und gar Überraschendes.

Denn wenn sich die religiöse Ideologie auch an die Individuen[42] wendet, um sie »in Subjekte zu transformieren«, indem sie das Individuum Pierre anruft, um aus ihm ein Subjekt zu machen, das die Freiheit hat, diesem Ruf [appel], d.h. den Geboten Gottes zu gehorchen oder auch nicht; wenn sie die Individuen bei ihrem Namen ruft und damit anerkennt, dass sie immer schon als Subjekte angerufen sind, die über eine persönliche Identität verfügen (sodass der Christus Pascals dann sogar sagen kann: »Für Dich habe ich diesen Tropfen meines Blutes vergossen«); wenn sie die Individuen in einer Weise anruft, dass das Subjekt antwortet: »Ja, ich bin es!«; wenn sie von ihnen derart *die Anerkennung* bekommt, dass sie durchaus den Platz einnehmen, den sie ihnen in der Welt zuschreibt, als einen festen Wohnsitz – »Es ist wahr, hier bin ich, als Arbeiter, als Unternehmer, als Soldat!« – in diesem Jammertal; wenn sie von ihnen die Anerkennung eines höheren Bestimmungsortes erhält (als ewiges Leben oder als ewige Verdammnis), je nachdem, ob diese Individuen die »Gebote Gottes«, das zur Liebe gewordene Gesetz, beachtet und befolgt oder vielmehr mit Verachtung behandelt haben; wenn sich dies alles wirklich derart abspielt (in

---

[41] Althusser hält sich hier wiederum an die im Frankreich seiner Zeit vorherrschende Situation, in der die katholische Kirche praktisch allein für das Christentum steht. [fow]

[42] Auch wenn wir wissen, dass das Individuum immer schon Subjekt ist, verwenden wir weiterhin dieses Wort, das aufgrund des von ihm produzierten Kontrasteffektes gut zu brauchen ist.

den Praktiken der bekannten Rituale der Taufe, der Firmung, des Abendmahls, der Beichte und der letzten Ölung usw.), dann müssen wir feststellen, dass diese ganze »Prozedur«, dieses Verfahren, durch das die christlichen religiösen Subjekte in Szene gesetzt werden, von einem ganz befremdlichen Phänomen beherrscht wird: Nämlich dass die Existenz einer solchen Vielzahl religiöser Subjekte nur unter der absoluten Voraussetzung möglich ist, dass es ein Anderes, Einziges und Absolutes *SUBJEKT* gibt, nämlich Gott.

Verständigen wir uns darauf, dieses neue und einzigartige SUBJEKT durch Großbuchstaben zu kennzeichnen, um es von den gewöhnlichen Subjekten zu unterscheiden, die ohne Großbuchstaben geschrieben werden.

Es tritt dann deutlich hervor, dass die Anrufung der Individuen als Subjekte die »Existenz« eines Anderen, Einzigen und zentralen SUBJEKTES voraussetzt, in dessen *Namen* die religiöse Ideologie alle Individuen als Subjekte anruft. All dies ist klar und deutlich nachzulesen[43] in eben dem Text, der nicht zufällig »DIE SCHRIFT« heißt. »Zu jener Zeit sprach der Herr (Jahwe) zu Moses aus einer Wolke. Und der Herr rief Moses: ›Moses!‹ ›Hier bin ich!‹, sprach Moses, ›ich bin Moses, Dein Diener. Sprich, und ich werde auf Dich hören.‹ Und der Herr sprach zu Moses und sagte ihm: ›*Ich bin, der Ich bin.*‹«

Gott definiert sich also selbst als das ausgezeichnete SUBJEKT, welches durch sich und für sich ist (»Ich bin, der Ich bin«), und das sein Subjekt anruft, also das Individuum, das ihm durch seinen Anruf selbst unterworfen[44] ist, nämlich das Individuum, das Moses genannt wird. Und der so angerufene und aufgerufene, bei seinem Namen genannte Moses, der wiedererkannt hat, dass »gerade er« es gewesen war, den Gott angerufen

[43] Ich zitiere auf eine kombinierende Weise, nicht wörtlich, sondern »im Geiste und in der Wahrheit«.

[44] Man beachte im Folgenden die Doppelbedeutung des Französischen »assujettir« im Sinne von »unterwerfen« und »zum Subjekt machen«, die im Deutschen nur noch bei der gelegentlichen Verwendung von »Subjekt« im Sinne von »Untertan« mitklingt. [Peter Schöttler]

hatte, erkennt damit zugleich an, dass er selber Subjekt ist, Subjekt *des Gottes,* Gott unterworfenes Subjekt, also *Subjekt durch das SUBJEKT und dem SUBJEKT unterworfen [assujetti].* Der Beweis dafür ist: Er gehorcht ihm und sorgt dafür, dass sein Volk den Befehlen Gottes gehorcht.

Gott ist also das SUBJEKT, während Moses und die unzähligen Subjekte des Volkes Gottes seine von ihm angerufenen Gesprächsteilnehmer sind: seine *Spiegel, seine Abbilder.* Sind die Menschen nicht *nach dem Bilde* Gottes geschaffen? Wie das gesamte theologische Nachdenken beweist, braucht Gott, auch wenn ER vollkommen auf sie verzichten »könnte«..., die Menschen doch: Das SUBJEKT ist auf die Subjekte angewiesen, ebenso wie die Menschen auf Gott und die Subjekte auf das SUBJEKT angewiesen sind. Mehr noch: Gott braucht die Menschen, das große SUBJEKT die Subjekte, selbst noch in der schrecklichsten Verkehrung seines Bildes in ihnen (wenn die Subjekte sich im Laster, d.h. in der Sünde, geradezu suhlen).

Besser noch: Gott verdoppelt sich selbst und schickt seinen Sohn auf die Erde als ein von ihm »verlassenes« einfaches Subjekt (die lange Klage im Garten von Gethsemane endet am Kreuz); er ist Subjekt, aber auch SUBJEKT, Mensch, aber auch Gott – um das zu vollbringen, worin sich die schließliche ERLÖSUNG vorbereitet: die Auferstehung Christi. Gott muss also »sich selbst« zum Menschen »machen«, das SUBJEKT hat es nötig, zum Subjekt zu werden, um gleichsam empirisch, mit den Augen zu sehen und mit den Händen zu fühlen (siehe den [»ungläubigen«] Heiligen Thomas), für die Subjekte den Beweis zu führen, dass sie Subjekte und dem SUBJEKT unterworfen sind, um am Tage des Jüngsten Gerichts schließlich wie Christus in den Schoß des Herrn zurückzukehren, d.h. in das SUBJEKT.[45]

[45] Das Dogma der Dreieinigkeit formuliert als solches die Theorie der Verdopplung des SUBJEKTES (Vater), in das Subjekt (Sohn) und die Beziehung der Spiegelung (Heiliger Geist), wie sie zwischen den beiden besteht.

Dechiffrieren wir diese wundersame Notwendigkeit der Verdopplung des *SUBJEKTES in Subjekte* und *des SUBJEKTES als solchen in ein Subjekt-SUBJEKT, indem wir sie* in eine theoretische Sprache übertragen.

Wir stellen zunächst fest, dass die Struktur jeder Ideologie, durch die die Individuen im Namen eines Absoluten und Einzigen SUBJEKTES als Subjekte angerufen *werden, selbst spiegelhaft* [spéculaire] ist, wie eine Spiegelung funktioniert, und dies auf eine *gedoppelte* Weise tut: Diese spiegelhafte Verdoppelung ist für die Ideologie konstitutiv und sie gewährleistet zugleich ihr Funktionieren. Das bedeutet, dass jede Ideologie *zentriert* ist, dass das Absolute SUBJEKT den einzigen Platz im Zentrum einnimmt und rund um sich herum die Individuen in ihrer unendlichen Anzahl als Subjekte anruft, und zwar in einer doppelt spiegelhaften Beziehung: Indem es die Subjekte dem SUBJEKT *unterwirft,* während es ihnen im SUBJEKT, in dem jedes Subjekt sein eigenes (gegenwärtiges wie künftiges) Bild betrachten kann, die *Garantie* bietet, dass es wirklich um sie und um Es geht und dass schließlich – da sich alles innerhalb der Familie abspielt (der Heiligen Familie: die Familie ist ihrem Wesen nach heilig) – »Gott die Seinen darin *wieder erkennen* wird«, d.h. dass eben diejenigen erlöst werden, die Gott anerkannt und sich selbst in ihm wiedererkannt haben.

Fassen wir zusammen, was wir uns an Erkenntnissen über die Ideologie im Allgemeinen haben verschaffen können.

Die doppelte Spiegelungsstruktur der Ideologie gewährleistet zugleich:

1) die Anrufung der »Individuen« als Subjekte,
2) ihre Unterwerfung unter das SUBJEKT,
3) die wechselseitige Wiedererkennung zwischen den Subjekten und dem SUBJEKT sowie zwischen den Subjekten untereinander und schließlich das Wiedererkennen des Subjekts durch sich selbst,[46] und

---

[46] Hegel ist (ohne sein Wissen) ein bewundernswerter Theoretiker »der Ideologie« – nämlich als »Theoretiker« der Universellen Anerkennung, welche unglücklicherweise in die Ideologie des Absoluten Wissens ein-

4) die absolute *Garantie,* dass alles in Ordnung ist, so wie es ist, und dass, unter der Bedingung, dass die Subjekte nur wiedererkennen, was sie sind, und sich dementsprechend verhalten, auch alles gut gehen wird: »So sei es!«[47]

Resultat: Gefangen in diesem vierfachen System der Anrufung als Subjekte – der Unterwerfung unter das SUBJEKT, der allgemeinen Wiedererkennung und der absoluten Garantie,[48] »funktionieren« die Subjekte in der riesigen Mehrzahl der Fälle »ganz von selber« – mit Ausnahme der »schlechten Subjekte«, die gelegentlich ein Eingreifen dieser oder jener Abteilung des (repressiven) Staatsapparates auslösen. Aber die riesige Mehrzahl der (guten) Subjekte funktioniert tatsächlich »ganz von selber«, d.h. allein unter Einsatz von Ideologie (deren konkrete Formen in den ideologischen Staatsapparaten verwirklicht sind). Sie fügen sich ein in die Praktiken, die von den Ritualen der ISAs beherrscht werden. Sie »erkennen« den »Stand der Dinge« (*das Bestehende*[49]) »an«, sie erkennen an, dass es »in der Tat so ist und nicht anders«, dass man Gott, seinem Gewissen, dem Pfarrer, de Gaulle, dem Chef des Unternehmens und dem Ingenieur gehorchen muss, dass man »seinen Nächsten lieben« muss, »wie sich selbst« usw. Ihr konkretes materielles Verhalten ist nichts anderes als die lebendige Verkörperung des bewundernswürdigen Wortes ihres Gebetes [Amen!]: »So sei es!«

Ja, die Subjekte »funktionieren ganz von selber«. Das ganze Geheimnis dieser Wirkung liegt in den beiden ersten Momenten des vierfachen Systems, von dem wir gesprochen haben, oder wenn man dies lieber so betrachten will, in der Mehrdeutigkeit

---

mündet. Feuerbach ist ein ganz erstaunlicher »Theoretiker« des Spiegelungsverhältnisses, der unglücklicherweise schließlich bei einer Ideologie des Menschlichen Wesens ankommt. Um das zu finden, was nötig ist, um eine Theorie dieser Garantie zu entwickeln, muss man zu Spinoza zurückkehren.

[47] Schöttler übersetzt hier, gestützt auf Althussers Bezugnahme auf das christliche Gebet: »Amen!« [Hebräisch: »Wahrlich, es geschehe!«]. [fow]

[48] Althusser zählt hier nur drei Elemente auf, weil er die »Anrufung der Individuen als Subjekte« übergangen hat. [fow]

[49] Im Original Deutsch. [Peter Schöttler]

des Worts *Subjekt.* Die geläufige Bedeutung dieses Wortes ist 1) eine freie Subjektivität: ein Zentrum der Initiative, das Urheber und Verantwortlicher seiner eigenen Taten ist; 2) ein unterjochtes Wesen, das einer höheren Autorität unterworfen ist und daher keine andere Freiheit hat als die der freiwilligen Anerkennung seiner Unterwerfung. Dieses letzte Merkmal macht uns den Sinn jener Mehrdeutigkeit zugänglich, welche nur die Wirkung widerspiegelt, durch die sie hervorgerufen wird: Das Individuum *wird als (freies) Subjekt angerufen, damit es sich freiwillig den Anordnungen des SUBJEKTS unterwirft, damit es also (freiwillig) seine Unterwerfung akzeptiert* und folglich »ganz von selber« die Gesten und Taten seiner Unterwerfung »vollzieht«. *Es gibt Subjekte nur durch und für ihre Unterwerfung.* Eben deswegen funktionieren sie »ganz von selber«.

*»So sei es! ...* Dieses Wort, das die zu erreichende Wirkung aufzeichnet, ist zugleich ein Beweis dafür, dass dies alles nicht »natürlicherweise« so ist (»natürlicherweise« im Sinne von außerhalb dieses Gebets, d.h. außerhalb der ideologischen Intervention).

Dieses Wort beweist, dass es so sein *muss,* damit die Dinge so sind, wie sie zu sein haben, d.h. – sprechen wir es doch endlich aus – damit die Reproduktion der Produktionsverhältnisse bis in den Produktions- und Zirkulationsprozess hinein Tag für Tag im »Bewusstsein«, d.h. im Verhalten der Individuen-Subjekte gewährleistet wird, bzw. dadurch, wie sie ihre verschiedenen Stellungen ausfüllen, welche ihnen die gesellschaftlich-technische Arbeitsteilung in der Produktion, der Ausbeutung, der Repression, der Ideologisierung, der wissenschaftlichen Praxis usw. zuweist. Denn worum geht es eigentlich wirklich bei diesem Mechanismus der spiegelhaften Wiedererkennung des SUBJEKTS, der als Subjekte angerufenen Individuen und der Garantie, die das SUBJEKT den Subjekten gibt, wenn sie ihre Unterwerfung unter die »Befehle« des SUBJEKTS freiwillig akzeptieren? Die Wirklichkeit, um die es in diesem Mechanismus geht und die in den Formen dieser Wiedererkennung notwendig *verkannt* wird (Ideologie = *Wiedererkennung/Verkennung),* ist in der Tat in letzter Instanz die Reproduktion der Produktionsverhältnisse und der Verhältnisse, welche sich aus ihnen ableiten.

[...]

*Januar-April 1969*

P.S. – Auch wenn diese schematischen Thesen einige Aspekte des Funktionierens des Überbaus und seines Modus der Interventionsweise in die Basis zu erhellen erlauben, so sind sie dennoch offensichtlich *abstrakt* und lassen wichtige Probleme notwendig in der Schwebe, auf die hier noch kurz eingegangen werden muss:

1) Das Problem des *Gesamtprozesses* der Realisierung der Reproduktion der Produktionsverhältnisse.

Die ISAs *tragen* als ein Element dieses Prozesses zu dieser Reproduktion *bei.* Aber der Standpunkt ihres einfachen Beitrages bleibt dennoch abstrakt.

Erst innerhalb der Produktions- und Zirkulationsprozesse wird diese Reproduktion *realisiert,* und zwar durch den Mechanismus dieser Prozesse, in denen die Ausbildung der Arbeiter »zu Ende gebracht« wird, in denen ihnen Stellungen zugewiesen werden usw. Im inneren Mechanismus dieser Prozesse kommt dann auch die Wirkung der verschiedenen Ideologien zum Tragen (vor allem die der juristisch-moralischen Ideologie).

Aber auch dieser Standpunkt bleibt immer noch abstrakt. Denn in einer Klassengesellschaft sind die Produktionsverhältnisse Ausbeutungsverhältnisse, also Verhältnisse zwischen antagonistischen Klassen. Die Reproduktion der Produktionsverhältnisse kann daher, als oberstes Ziel der herrschenden Klasse, keine bloß technische Operation sein, indem etwa die Individuen für die verschiedenen Stellungen innerhalb der »technischen Arbeitsteilung« ausgebildet und entsprechend aufgeteilt würden. In Wirklichkeit gibt es vielmehr – außer innerhalb der Ideologie der herrschenden Klasse – gar keine »technische Arbeitsteilung«: Jede »technische« Arbeitsteilung, jede »technische« Arbeitsorganisation ist immer nur die Form und die Maske einer *gesellschaftlichen* (= klassenmäßigen) Teilung und Organisierung der Arbeit. Die Reproduktion der Produktionsverhältnisse kann daher nur ein klassenbezogenes Unternehmen sein. Sie verwirklicht sich durch einen Klassenkampf hindurch, in dem sich die herrschende und die ausgebeutete Klasse gegenüber treten.

Der *Gesamtprozess* der Realisierung der Reproduktion der Produktionsverhältnisse bleibt daher abstrakt, solange man sich nicht auf den Standpunkt dieses Klassenkampfes stellt. Sich auf den Standpunkt der Reproduktion zu stellen, heißt also in letzter Instanz, sich auf den Standpunkt des Klassenkampfes zu stellen.

*2)* Das Problem des Klassencharakters *der Ideologien*, die innerhalb einer Gesellschaftsformation existieren.

Der »Mechanismus« *der* Ideologie *im Allgemeinen* ist die eine Sache. Wir haben gesehen, dass er sich auf einige Prinzipien reduzieren lässt, die aus wenigen Worten bestanden (ebenso »ärmlich« wie jene, die nach Marx *die* Produktion *im Allgemeinen* oder bei Freud *das* Unbewusste *im Allgemeinen* definieren). Auch wenn er eine gewisse Wahrheit besitzt, ist dieser Mechanismus in Bezug auf jede reale ideologische Formation dennoch *abstrakt.*

Es wurde der Gedanke entwickelt, die Ideologien *realisierten* sich in Institutionen, *den ISAs*, in deren Ritualen und deren Praktiken. Wir haben gesehen, dass sie damit zu jener Form des Klassenkampfes beitragen, der für die herrschende Klasse lebenswichtig ist, nämlich zur Reproduktion der Produktionsverhältnisse. Aber auch dieser Gesichtspunkt, so real er auch sein mag, bleibt noch abstrakt.

Denn der Staat (und seine Apparate) haben überhaupt nur vom Standpunkt des Klassenkampfes aus einen Sinn, d.h. als ein Apparat des Klassenkampfes, der die Klassenunterdrückung gewährleistet und die Bedingungen der Ausbeutung und deren Reproduktion garantiert. Aber es gibt keinen Klassenkampf ohne antagonistische Klassen. Wer Klassenkampf der herrschenden Klasse sagt, der sagt auch Widerstand, Revolte und Klassenkampf der beherrschten Klasse.

Deshalb sind die ISAs nicht die Verwirklichung *der* Ideologie *im Allgemeinen* und auch nicht die konfliktfreie Verwirklichung der Ideologie der herrschenden Klasse. Die Ideologie der herrschenden Klasse wird weder durch die Gnade des Himmels, noch auch durch die Tatsache der bloßen Übernahme der Staatsmacht zur herrschenden Ideologie, sondern nur durch die Installierung von ISAs, in welchen diese Ideologie realisiert ist und sich weiterhin realisiert. Diese Einrichtung der ISAs erfolgt nicht von selbst, sie ist vielmehr der Einsatz eines sehr erbitterten und ununterbrochenen Klassenkampfes: Zunächst gegen die alten herrschenden Klassen und deren Positionen in den alten und neuen ISAs, dann gegen die ausgebeutete Klasse.

Aber der Standpunkt des Klassenkampfes in den ISAs bleibt immer noch abstrakt. Zwar ist der Klassenkampf in den ISAs manchmal ein wichtiger und symptomatischer Aspekt des Klassenkampfes: so etwa der anti-religiöse Kampf im 18. Jahrhundert, so etwa heute die »Krise« des schulischen ISA in allen kapitalistischen Ländern. Aber der Klassenkampf in den ISAs ist nur ein Aspekt eines Klassenkampfes, der weit über die ISAs hinausreicht. Die Ideologie, die eine an der Macht befindliche Klasse in und durch ihre ISAs zur herrschenden macht, »realisiert« sich zwar in ihnen, aber sie geht weit über sie hinaus, einfach weil sie von anderswoher kommt. Ebenso geht die Ideologie, die eine beherrschte Klasse erfolgreich in und gegen bestimmte ISAs verteidigen kann, über diese ISAs hinaus, weil sie von anderswoher kommt.

Nur vom Klassenstandpunkt aus, d.h. vom Standpunkt des Klassenkampfes aus, kann man *die Ideologien* begreifen, die in einer Gesellschaftsformation existieren. Von hier aus wird es nicht nur möglich, die Verwirklichung der herrschenden Ideologie in den ISAs und die Formen des Klassenkampfes zu begreifen, deren Sitz und Einsatz die ISAs sind. Sondern man kann auch und vor allem von hier aus begreifen, woher die Ideologien kommen, die sich in den ISAs verwirklichen und die in ihnen einander entgegen treten. Denn auch wenn die ISAs die *Form* darstellen, in der die Ideologie der herrschenden Klasse sich *notwendigerweise verwirklich*en muss, und zugleich die Form, mit der die Ideologie der beherrschten Klasse sich *notwendigerweise* messen und der sie entgegentreten muss, so »entstehen« die Ideologien dennoch nicht in den ISAs, sondern aus den im Klassenkampf begriffenen gesellschaftlichen Klassen: aus ihren Existenzbedingungen, ihren Praktiken, ihren Kampferfahrungen usw.

*April 1970*

# Notiz über die ISA[1]

I.

Die häufigste Kritik,[2] welche gegen meinen Essay von 1969-70 vorgebracht worden ist, war die des *»Funktionalismus«*. Man hat in meiner theoretischen Skizze den Versuch sehen wollen, sich von Seiten des Marxismus eine Auffassung zu eigen zu machen, der gemäß Organe allein schon durch ihre unmittelbaren Funktionen definiert werden – wodurch dann die Gesellschaft in ideologischen Institutionen *eingefroren* würde, deren funktioneller Auftrag darin besteht, Unterwerfung zu erzeugen, und damit letzten Endes eine undialektische Auffassung vertreten würde, deren tiefere Logik jede Möglichkeit des Klassenkampfes ausschloss.

Ich habe allerdings den Eindruck, dass man die abschließenden Notizen meines Essays nicht aufmerksam genug gelesen hat, in denen der »abstrakte« Charakter meiner Analyse unterstrichen und in denen ausdrücklich der Klassenkampf ins Zentrum meiner Konzeption gerückt wird.

In der Tat kann man wohl sagen, dass die Eigentümlichkeit der aus Marx herauszuziehenden Theorie über Ideologie eben darin liegt, dass sie den Primat des Klassenkampfs über die Funktionen und die Funktionsweise des Staatsapparates, insbesondere

---

[1] *Note sur les AIE*, datiert von Dezember 1976. Erstveröffentlichung in dem von Peter Schöttler 1977 herausgegebenen Band *Ideologie und ideologische Staatsapparate*; eine weitere Veröffentlichung auf Kastilianisch in dem Sammelband: Althusser *»Nuevos Escritos«* (Barcelona: LAIA, 1978), auf Französisch erst in *Sur la reproduction*, Paris 1995, 253-267. Übersetzung: Peter Schöttler, auf Grundlage der französischen Ausgabe durchgesehen und überarbeitet vom Herausgeber. [fow]

[2] Im Französischen *reproche* (Tadel). Das darin liegende Moment des Verurteilens anderer würde in eher diskursiv angelegten Übersetzungen wie »Einwand« verloren gehen. Auch wenn seit Kant deutsche Philosophen daran gearbeitet haben, dieses Moment der Verurteilung aus dem Kritikbegriff »hinauszuschleifen«, enthält der geläufige Ausdruck »Kritik« immer noch dieses Bedeutungselement. [fow]

der ideologischen Staatsapparate, behauptet. Ein Primat, der offensichtlich mit jedem Funktionalismus unvereinbar ist.

Es ist in der Tat völlig klar, dass man das System der ideologischen »Führung und Leitung« [*direction*] der Gesellschaft durch die herrschende Klasse, d.h. die von der herrschenden Ideologie (welche »die Ideologie der herrschenden Klasse ist« – Marx) erzielten Effekte des Konsenses, nicht als eine schlichte und einfache *Gegebenheit* betrachten kann, als *ein System genau definierter Organe*, welches etwa auf eine *automatische Art und Weise* die gewaltsame Herrschaft dieser selben Klasse verdoppeln würde oder welches mit klarem politischen Bewusstsein dieser Klasse zu bestimmten, durch seine Funktion definierten Zwecken eingerichtet worden wäre. Denn die herrschende Ideologie ist in der Tat niemals eine *vollendete Tatsache* des Klassenkampfs, welche dem Klassenkampf selbst entgehen würde.

Die herrschende Ideologie, wie sie im komplexen System der ideologischen Staatsapparate existiert, ist nämlich ihrerseits das Ergebnis eines sehr langen und harten Klassenkampfs, durch den die Bourgeoisie (um dieses Beispiel zu nehmen) nur unter der doppelten Bedingung ihre Ziele erreichen kann, dass sie *gleichzeitig* sowohl die ehemalige herrschende Ideologie bekämpft, wie sie sich in den alten Apparaten selbst überlebt, als auch die Ideologie der neuen ausgebeuteten Klasse, welche noch nach ihren Organisations- und Kampfformen sucht. Und eben diese Ideologie, mit der es der Bourgeoisie gelingt, ihre Hegemonie über die ehemalige Grundbesitzer-Aristokratie und über die Arbeiterklasse zu errichten, konstituiert sich nicht nur durch einen *externen* Kampf gegen diese beiden anderen Klassen, sondern auch und zugleich durch einen *internen* Kampf, in dem es darum geht, die Widersprüche der bürgerlichen Klassenfraktionen zu überwinden und die Einheit der Bourgeoisie als herrschender Klasse herzustellen.

In diesem Sinne ist die Reproduktion der herrschenden Ideologie zu begreifen. Formal gesehen muss die herrschende Klasse die materiellen, politischen und ideologischen Bedingungen ihrer Existenz als solche reproduzieren (denn Existieren heißt Sich-Reproduzieren). Aber die Reproduktion der herrschenden

Ideologie ist keine bloße Wiederholung, keine einfache Reproduktion und auch keine bloß automatisch bzw. mechanisch erfolgende erweiterte Reproduktion bereits *gegebener* Institutionen, die ein für allemal abschließend durch ihre Funktion definiert wären: Es ist vielmehr der Kampf[3] für die Vereinheitlichung und Erneuerung *älterer*, disparater und widersprüchlicher, *ideologischer Elemente* innerhalb einer Einheit, welche erst durch den Klassenkampf als solche zu erobern ist, im Kampf gegen die ehemaligen Formen und die neuen Tendenzen. Der Kampf für die Reproduktion der herrschenden Ideologie ist ein stets unabgeschlossener und immer wieder aufzunehmender Kampf, welcher immer unter dem Gesetz des Klassenkampfs steht.

Dass dieser Kampf für die Vereinheitlichung der herrschenden Ideologie stets »unabgeschlossen« bleibt und immer »wieder aufzunehmen« ist, hat mehrere Ursachen. Es hängt nicht nur mit dem *Weiterbestehen* der ideologischen Formen und ideologischen Staatsapparate der ehemaligen herrschenden Klasse zusammen, die eine furchtbare Form von Widerstand leisten (»die Gewohnheit«, von der Lenin gesprochen hat); und nicht nur mit dem lebenswichtigen Erfordernis, die *Einheit* der herrschenden Klasse, die aus der widersprüchlichen Verschmelzung verschiedener Klassenfraktionen (Handelskapitalismus, Industriekapitalismus, Finanzkapitalismus usf.) hervorgegangen ist, zu konstituieren, sowie mit dem Erfordernis, sie zur Anerkennung ihrer »allgemeinen Klasseninteressen« jenseits der Widersprüche der »besonderen Interessen« der individuellen Kapitalisten zu veranlassen. Und auch nicht nur mit dem Klassenkampf, der gegen die erst entstehenden Formen der *Ideologie der beherrschten Klasse* geführt werden muss. Und schließlich auch nicht nur mit der historischen Transformation der Produktionsweise, welche die *»Anpassung«* der herrschenden Ideologie an den Klassenkampf erzwingt (so wird gegenwärtig die juristische Ideologie der klassischen Bourgeoisie von der technokratischen Ideologie abgelöst). Sondern eben auch mit der *Materialität und Verschieden-*

[3] Im französischen Original *contrat* (Vertrag). Peter Schöttler liest dafür korrigierend *combat* (Kampf), was mich vom Sinn her überzeugt. [fow]

*artigkeit [diversité] der Praktiken*, deren »spontane« Ideologie der Vereinheitlichung bedarf. Diese riesige und widersprüchliche Aufgabe ist niemals vollständig gelöst; und man muss bezweifeln, dass es jemals das Modell jenes »ethischen Staates« geben wird, dessen utopisches Ideal Gramsci von Croce entliehen hat. Ebenso wie der Klassenkampf niemals aufhört, hört auch der Kampf der herrschenden Klasse um die Vereinheitlichung der vorhandenen ideologischen Elemente und Formen niemals auf. Das läuft darauf hinaus, dass es der herrschenden Ideologie – auch wenn genau dies ihre Funktion ist – *niemals* gelingen kann, *ihre eigenen Widersprüche vollständig aufzulösen*, in welchen sich seinerseits der Klassenkampf widerspiegelt.

Deshalb kann man aus dieser These *vom Primat des Klassenkampfs über die herrschende Ideologie und die ideologischen Staatsapparate* eine andere These ableiten, die unmittelbar daraus folgt: Die ideologischen Staatsapparate sind ihrerseits notwendigerweise der Schauplatz und der Einsatz eines Klassenkampfs, der in den Apparaten der herrschenden Ideologie den allgemeinen Klassenkampf fortsetzt, wie er die Gesellschaftsformation beherrscht. Wenn die Funktion der ISAs darin besteht, die herrschende Ideologie in den Köpfen zu verankern, so deshalb, weil es *Widerstand* gibt; wenn es aber Widerstand gibt, so deshalb, weil es Kampf gibt; und dieser Kampf ist letzten Endes das direkte oder indirekte, unmittelbare oder (häufiger) weit davon entfernte Echo des Klassenkampfs. Die Ereignisse des Mai 68 haben ein Schlaglicht auf diese Tatsache geworfen und dadurch einen Kampf sichtbar gemacht, der bis dahin noch stumm und wie erstickt geführt worden war. Aber indem sie in ihrer Form der Revolte einen *unmittelbaren* Klassenkampf in den ideologischen Staatsapparaten haben auftreten lassen (insbesondere im schulischen Apparat, dann auch im medizinischen Apparat, im Apparat der Architektur usw.), haben sie das grundlegende Phänomen etwas vernebelt, das für diese *unmittelbaren* Ereignisse bestimmend gewesen ist, dass nämlich die historische *Konstituierung* und die widersprüchliche *Reproduktion* der herrschenden Ideologie als solche einen Klassenkampf darstellen. Die Ereignisse des »Mai 68« wurden »erlebt«, ohne dass daran eine historische oder politische Perspektive im starken Sinne geknüpft gewesen wäre. Deshalb habe ich gemeint, daran erinnern zu müssen, dass man sich *»auf den Standpunkt der Reproduktion«* stellen muss, wenn man die Tatsachen des Klassenkampfs in den ideologischen Staatsapparaten begreifen und die Revolte auf ihr richtiges Maß zurückführen will, weil dies der Standpunkt des Klassenkampfs als *Gesamtprozess* ist – und nicht als eine Summe punktueller oder auf diese oder jene »Sphäre« (Ökonomie, Politik, Ideologie) beschränkter Zusammenstöße; als *historischer Prozess* zu begreifen und nicht als eine bloße Folge von Episoden der Repression oder der *unmittelbaren* Revolte.

Weil ich an diese Perspektiven erinnere, scheint es mir wirklich schwierig zu werden, mir eine »funktionalistische« oder »systemtheoretische« Auffassung des Überbaus und der Ideologie zu unterstellen, welche den Klassenkampf zugunsten einer mechanistischen Konzeption von Instanzen außer Betracht lassen würde.

## II.

Andere Einwände [*objections*] beziehen sich darauf, was das Wesen der politischen Parteien ausmacht – und vor allem das der *revolutionären politischen Partei.* Um mit einem Satz zu sagen, worum es geht: Man hat oft dazu geneigt, mir den Gedanken zu unterstellen, dass ich *jede einzelne* politische Partei für sich genommen als einen ideologischen Staatsapparat betrachten würde, was dann zur Folge haben könnte, jede einzelne politische Partei radikal in das »System« der ideologischen Staatsapparate einzuschließen, sie dem Gesetz dieses »Systems« zu unterwerfen und dadurch die Möglichkeit einer revolutionären Partei aus diesem »System« auszuschließen. Denn wenn alle Parteien ISAs sind und der herrschenden Ideologie dienen, dann wird eine revolutionäre Partei, welche auf diese »Funktion« reduziert wäre, einfach undenkbar.

Allerdings habe ich niemals geschrieben, dass eine politische Partei ein ideologischer Staatsapparat sei. Ich habe sogar (wenn auch nur kurz, das gebe ich zu) *etwas ganz anderes* gesagt, nämlich dass die politischen Parteien nur *»Teilstücke«* eines spezifischen ideologischen Staatsapparates sind: des politischen ideologischen Staatsapparats, welcher die politische Ideologie der herrschenden Klasse »realisiert«, sagen wir: in seinem »konstitutionellen Regime« (die »Grundgesetze« und »Parlamente« usf. unter der Monarchie des *Ancien Régime*; das parlamentarisch-repräsentative Regime unter der Bourgeoisie in ihren »liberalen« Phasen).

Ich fürchte, man hat nicht richtig verstanden, was ich unter dem Terminus »*politischer* ideologischer Staatsapparat« zu denken vorgeschlagen habe. Um dies besser zu begreifen, muss man sorgfältig unterscheiden zwischen dem *politischen* ideologischen Staatsapparat und dem (repressiven) *Staatsapparat*.

Was aber kennzeichnet den (repressiven) *Staatsapparat*, dessen Einheit, selbst wenn sie widersprüchlich ist, dennoch unendlich stärker ist als die der Gesamtheit der ideologischen Staatsapparate? Der Staatsapparat umfasst den Staatschef, die Regierung und die Verwaltung als Mittel der Exekutive, die Streitkräfte, die Polizei, die Justiz, die Gerichte und ihre Einrichtungen (Gefängnisse usf.).

Innerhalb dieser Gesamtheit muss man das unterscheiden, was ich den *politischen Staatsapparat* (Appareil politique d'État) nennen werde – wozu ich den Staatschef, die Regierung, die jener unmittelbar leitet (als gegenwärtig in Frankreich und in zahlreichen anderen Ländern herrschendes Regime), sowie die Verwaltung zähle (welche die Politik der Regierung *ausführt*). Der Staatschef repräsentiert die Einheit und den Willen der herrschenden Klasse, jene Autorität, die dazu in der Lage ist, die allgemeinen Interessen der herrschenden Klasse gegenüber den besonderen Interessen ihrer Mitglieder oder Fraktionen durchzusetzen. Giscard d'Estaing hat ganz bewusst »Farbe bekannt«, als er sagte, falls die Linke bei den Wahlen von 78 siegen sollte, würde er im Amt bleiben, »um die Freiheiten der Franzosen zu verteidigen«, will sagen: diejenigen der bürgerlichen Klasse. Die Regierung (die gegenwärtig unmittelbar vom Staatschef geleitet wird) führt die Politik der herrschenden Klasse aus und die dem Kommando der Regierung unterstellte Verwaltung wendet sie im Einzelnen an. An dieser Unterscheidung, durch welche die Existenz des *politischen Staatsapparates* deutlich wird, ist besonders zu beachten, dass die Verwaltung ebenfalls dazugehört, trotz der Ideologie, die ihr nach dem Vorbild des bürgerlichen Staates zur spezifischen Nahrung dient, nämlich dem »Gemeinwohl« zu dienen und die Rolle eines »öffentlichen Dienstes« zu spielen. Es geht dabei weder um individuelle Absichten noch auch um einzelne Ausnahmen: Die Funktion der Verwaltung ist insgesamt untrennbar verbunden mit der Anwendung der Politik der bürgerlichen Regierung, welche eine Klassenpolitik ist. Mit der Aufgabe betraut, diese Politik im Einzelnen anzuwenden, spielt die hohe Staatsverwaltung eine unmittelbar politische Rolle, und die Verwaltung als Ganze spielt mehr und mehr eine Rolle der Überwachung und »Erfassung« [quadrillage].[4] Sie kann die Politik der bürgerlichen Regierung nicht anwenden, wenn sie nicht zugleich damit beauftragt ist, deren Ausführung durch Einzelpersonen oder Gruppen zu kontrollieren und diejenigen, die sie missachten, wegen Repression anzuzeigen oder auszuliefern.

So verstanden ist der *politische Staatsapparat* (Staatschef, Regierung, Verwaltung) ein Teil des (repressiven) Staatsapparates: Man kann ihn aber mit Recht innerhalb des Staatsapparates isolieren.

Und hier nun der empfindliche Punkt: Man muss zwischen dem *politischen Staatsapparat* (dem Staatschef, der Regierung, der Verwaltung) und dem *politischen ideologischen Staatsapparat* unterscheiden. Ersterer gehört zum (repressiven) Staatsapparat, während letzterer zu den ideologischen Staatsapparaten gehört.

Was kann man dann aber unter der Bezeichnung *politischer* ideologischer Staatsapparat verstehen? Das »politische System« oder die »Verfassung« einer gegebenen Gesellschaftsformation. So hat sich z.B. die französische Bourgeoisie – auch wenn sie

[4] Zu diesem Ausdruck vgl. Michel Foucault: Überwachen und Strafen. Die Geburt des Gefängnisses, Frankfurt a.M. 1976 [Peter Schöttler].

sich in für sie gefährlichen Klassenkampflagen durchaus andere Regime gegeben hat (den Bonapartismus I und II,[5] die konstitutionelle Monarchie, den Faschismus Pétains) – wie alle zeitgenössischen Bourgeoisien der kapitalistischen Länder – im Allgemeinen im politischen System der *parlamentarischen Repräsentation* wiedererkannt, das die bürgerliche Ideologie in einem *politischen* ideologischen Staatsapparat realisiert hat.

Dieser ISA kann durch eine bestimmte Art und Weise der (auf Wahlen beruhenden) Repräsentation des »Volkswillens« definiert werden, durch (aufgrund eines mehr oder weniger allgemeinen Wahlrechts) gewählte Abgeordnete, denen gegenüber die vom Staatschef oder vom Parlament selbst ausgewählte Regierung ihre Politik »verantworten« muss. Nun weiß man aber, dass die Regierung *de facto* (darin liegt der ganz bourgeoise Vorteil dieses Apparats) über eine eindrucksvolle Anzahl von Mitteln verfügt, um diese »Verantwortlichkeit« zu verdrehen und zu umgehen; und zwar von Anbeginn an, d.h. – neben den entsprechenden Formen der Einschüchterung, der Kontrolle der Massenmedien usf. – durch Verfälschung des so genannten allgemeinen Wahlrechts und dann noch mit Hilfe von parlamentarisch beschlossenen Regeln (Zensussystem, Ausschluss der Frauen und Jugendlichen von der Wahl, Mehrstufenwahlrecht, Zweikammernsystem mit unterschiedlicher Wählerbasis, Gewalten-»Teilung«, Verbot revolutionärer Parteien usf.). Das ist die Wirklichkeit der *Tatsachen*. Aber was es letzten Endes erlaubt, vom »politischen System« als einem »ideologischen Staatsapparat« zu sprechen, ist die Fiktion, die einer »gewissen Realität« entspricht, nämlich dass die Bestandstücke dieses Systems ebenso wie das Prinzip seiner Funktionsweise auf der *Ideologie der »Freiheit«* und »Gleichheit« des sein Wahlrecht ausübenden Individuums beruhen, auf der »freien Wahl« der Volksvertreter durch die Individuen, aus welchen sich das Volk »zusammensetzt«, und zwar aufgrund der *Vorstellung*, welche sich jedes Individuum von der Politik macht, die der Staat verfolgen soll. Auf der Grundlage dieser Fiktion (denn die Politik des Staates wird

[5] Also den Napoléon Bonapartes und den Napoleons III. [fow]

letzten Endes im Klassenkampf durch die Interessen seiner herrschenden Klasse bestimmt) werden die »politischen Parteien« gebildet, welchen die Aufgabe zugeschrieben wird, die verschiedenen divergierenden (oder auch konvergierenden) großen Optionen in Bezug auf die Politik der Nation zum Ausdruck zu bringen und zu vertreten. Jedes Individuum kann dann »frei« seine Meinung äußern, indem es für die politische Partei seiner Wahl stimmt (es sei denn, sie ist durch ein Verbot in die Illegalität abgedrängt).

Wohlgemerkt: Hinter den politischen Parteien *kann* durchaus eine gewisse Realität stehen. Grob gesprochen, können sie – *wenn der Klassenkampf genügend entwickelt ist* – *im Großen und Ganzen* die Interessen der antagonistischen Klassen und Klassenfraktionen oder auch die derjenigen sozialen Schichten im Klassenkampf vertreten, die innerhalb der Klassenkonflikte ihre Sonderinteressen zur Geltung bringen wollen. Und aufgrund dieser Realität *kann* dann schließlich – trotz aller Hindernisse und Betrugsmanöver des »Systems« – auch der Antagonismus der Grundklassen zu Tage treten. Ich sage »kann«, weil es bürgerliche Länder gibt (USA, Großbritannien, BRD usf.), in denen es der politischen Entwicklung der Klassenkämpfe *nicht gelingt, die Schwelle der parlamentarischen Vertretung zu überwinden*: Die parlamentarischen Antagonismen sind dann dort nur sehr entfernte, ja sogar vollständig verzerrte Indikatoren der realen Klassenantagonismen. Die Bourgeoisie ist dann dort völlig unter sich, geschützt durch ein parlamentarisches System, das sich im Kreise dreht oder leer läuft. Allerdings kann es auch vorkommen, dass der ökonomische und politische Klassenkampf der Arbeiterklasse eine derartige Macht erlangt, dass die Bourgeoisie ihrerseits »das Urteil des allgemeinen Wahlrechts« fürchten muss (Frankreich, Italien), obwohl sie auch dort über erhebliche Ressourcen verfügt, um dies umzukehren oder zunichte zu machen. Man denke an die Abgeordnetenkammer während der Volksfront in Frankreich: Die Bourgeoisie hat nur knapp zwei Jahre gebraucht, um ihre Mehrheit zu brechen, bevor die Kammer sie [ihre Macht, fow] dann *mit ihrer eigenen Zustimmung* an Pétain übertrug.

Ich meine, dass wenn man die »Prinzipien« des parlamentarischen Regimes mit den Tatsachen und den Ergebnissen konfrontiert, niemand an ihrem *ideologischen* Charakter zweifeln kann.

Jede Ideologie – von der juristischen Ideologie über die seit Jahrhunderten verbreitete philosophische Ideologie bis hin zur moralischen Ideologie – vertritt die folgende »Evidenz« der »Menschenrechte«: dass jedes Individuum die Freiheit hat, sich in der Politik sowohl seine Ideen als auch sein Lager (seine Partei) zu wählen; und vor allem vertritt sie die dieser »Evidenz« zugrundeliegende Idee, die letzten Endes nur eine Täuschung ist, dass jede Gesellschaft sich aus Individuen zusammensetzt (Marx: »Die Gesellschaft besteht nicht aus Individuen«, sondern aus Klassen, welche sich im Klassenkampf begegnen); und dass der *allgemeine Wille [volonté générale]* aus den Urnen des Mehrheitswahlrechts hervorgeht; schließlich, dass es dieser durch die Abgeordneten der Parteien repräsentierte allgemeine Wille ist, welcher die Politik der Nation ausmacht, während diese doch in Wirklichkeit immer nur die Politik einer Klasse ist, nämlich die der herrschenden.

Dass diese politische Ideologie ein Bestandteil der herrschenden Ideologie ist und ihr voll und ganz entspricht, ist nur allzu offensichtlich: Man findet diese Ideologie überall in der bürgerlichen Ideologie (die allerdings seit etwa zehn Jahren in Veränderung begriffen ist) wieder. Und dies ist kaum verwunderlich, wenn man weiß, dass die »Matrix« dieser herrschenden Ideologie die *juristische Ideologie* ist, wie sie für das Funktionieren des bürgerlichen Rechts unverzichtbar ist. Eben dieses, dass man sich *überall damit zurechtfinden kann*, zeigt doch an, dass man es mit der herrschenden Ideologie zu tun hat. Und aus dieser ständigen wechselseitigen Verweisung von der einen »Evidenz« zur anderen – von der »Evidenz« der juristischen Ideologie zur »Evidenz« der moralischen Ideologie, von dieser zur »Evidenz« der philosophischen Ideologie und von jener zur »Evidenz« der politischen Ideologie – bezieht jede ideologische »Evidenz« ihre *unmittelbare Bestätigung*, um sich zugleich durch die verschiedenen Praktiken der ISAs jedem einzelnen Individuum aufzuerlegen. Diese Ideologie der Menschenrechte der Freiheit und Gleichheit (Freiheit, seine Ideen und seinen Vertreter zu wählen, Gleichheit vor der Wahlurne) hat schließlich – nicht aufgrund der Macht der »Ideen«, sondern als Ergebnis des Klassenkampfs – jenen ideologischen *Apparat* hervorgebracht, in dem sich die politische Ideologie der Menschenrechte verkörpern konnte. Außer für die marxistische Kritik ist sie damit zu einer »Evidenz« geworden, die ohne sichtbaren Zwang von den Wählern oder zumindest der großen Mehrheit der Wähler akzeptiert wird. Wir haben es hier in der Tat mit einem Apparat zu tun, denn er setzt eine ganze materielle und reglementierte Einrichtung [dispositif] voraus – vom Wählerverzeichnis, dem Wahlschein und der Wahlkabine über die Wahlkämpfe bis hin zu dem sich daraus ergebenden Parlament usf. Aber wir haben es in der Tat eben auch mit einem *ideologischen* Apparat zu tun, denn er funktioniert gewaltlos, »ganz von alleine«, »auf der Grundlage der Ideologie« seiner Akteure, welche die Regeln akzeptieren und sie praktizieren, indem sie sie respektieren, denn sie sind davon überzeugt, dass man seiner »Wählerpflicht nachkommen« muss und dass dies völlig »normal« ist. Unterwerfung und Konsensus fallen damit zusammen. Diese von der bürgerlichen Ideologie durchgesetzte »Evidenz« wird von den Wählern als eine solche »Evidenz« akzeptiert: sie betrachten sich als Wähler und treten damit in das System ein. Sie »halten sich an die Spielregeln«.

Wenn diese Analyse richtig ist, so folgt daraus, dass man in keiner Weise behaupten kann – wie manche dies allzu »hastig« getan haben, um mich auf eine Theorie festzulegen, die jede Möglichkeit revolutionären Handelns ausschließen würde –, dass alle Parteien, also auch die Parteien der Arbeiterklasse, *als Parteien jeweils ideologische Staatsapparate darstellen würden*, die in das System integriert und von daher unfähig wären, ihren Klassenkampf zu führen.

Wenn das, was ich gesagt habe, zutrifft, so ergibt sich im Gegenteil, dass die Existenz politischer Parteien nicht nur nicht den Klassenkampf ausschließt, sondern auf ihm beruht. Und wenn die Bourgeoisie ständig versucht, ihre ideologische und politische Hegemonie über die Parteien der Arbeiterklasse auszuüben, so ist auch das eine Form des Klassenkampfs, und dies gelingt der Bourgeoisie nur in dem Maße, wie die Arbeiterparteien darauf hereinfallen, indem entweder ihre Führer sich einschüchtern (der Burgfrieden von 1914-18)[6] oder sich ganz einfach »kaufen« lassen, oder aber dadurch, dass ein Teil der Basis der Arbeiterparteien sich von seiner revolutionären Aufgabe zugunsten materieller Vorteile ablenken lässt (Arbeiteraristokratie) bzw. dem Druck der bürgerlichen Ideologie nachgibt (Revisionismus).

## III.

Diese Auswirkungen des Klassenkampfs treten noch deutlicher hervor, wenn man die revolutionären Arbeiterparteien als solche betrachtet, z.B. die kommunistischen Parteien. Da es sich dabei um Organisationen des Klassenkampfs der Arbeiter handelt, stehen sie *im Prinzip* (denn auch sie können in Reformismus und Revisionismus abgleiten) den Interessen der bürgerlichen Klasse und ihrem politischen System ganz und gar fremd gegenüber. Ihre Ideologie (auf deren Grundlage sie ihre Mitglieder rekrutieren) steht in einem antagonistischen Verhältnis zur bürgerlichen Ideologie. Ihre Organisationsform (der demokratische Zentralismus) unterscheidet sie von den bürgerlichen Parteien und sogar von den sozialdemokratischen und sozialistischen Parteien. Ihr Ziel ist es nicht, ihr Handeln auf den parlamentarischen Wettbewerb zu beschränken, sondern den Klassenkampf auf die gesamte Arbeiterklasse auszudehnen, von der Ökonomie auf die Politik und die Ideologie, und dies in *Aktionsformen*, die der Arbeiterklasse eigen sind – und die natürlich nichts damit gemein haben, alle fünf Jahre einen Wahlzettel in eine Urne zu stecken. Den proletarischen Klassenkampf *auf allen Gebieten und weit über das Parlament hinaus* zu führen –

---

[6] Dies ist das deutsche Beispiel, wie Peter Schöttler es angeführt hat; Althusser führt das entsprechende französische Beispiel an: die *union sacrée*. [fow]

das ist die Aufgabe einer kommunistischen Partei. *Ihre Aufgabe ist es letztlich nicht*, sich an der *Regierung* »zu beteiligen«, sondern vielmehr, die bürgerliche Staatsmacht umzuwälzen und zu zerschlagen.

Man muss diesen Punkt besonders betonen, denn die meisten westeuropäischen kommunistischen Parteien bezeichnen sich heute als »Regierungsparteien«. Auch wenn sie sich gelegentlich an einer Regierung beteiligt (und es kann richtig sein, dies unter bestimmten gegebenen Bedingungen zu tun), kann *eine kommunistische Partei aber unter gar keinen Vorwänden als eine »Regierungspartei« definiert* werden – ganz gleich, ob es sich dabei um eine Regierung unter der Vorherrschaft der bürgerlichen Klasse oder um eine Regierung unter der Vorherrschaft der proletarischen Klasse (»Diktatur des Proletariats«) handelt.

Dieser Punkt ist von entscheidender Bedeutung. Denn eine kommunistische Partei kann niemals in die Regierung eines bürgerlichen Staates eintreten (auch wenn diese Regierung eine »linke« Regierung der Volkseinheit ist, die dazu entschlossen ist, demokratische Reformen durchzuführen), *um die Angelegenheiten eines bürgerlichen Staates zu »verwalten«*. Sie tritt ihr allenfalls bei, um *den Klassenkampf auszuweiten* und um den Zusammenbruch des bürgerlichen Staates vorzubereiten. Aber sie kann auch nicht in eine Regierung der Diktatur des Proletariats eintreten, aufgrund der Überzeugung, dass es ihre eigentliche Aufgabe sei, *die Angelegenheiten dieses Staates zu »verwalten«, obwohl sie doch dessen Absterben und dessen Ende vorbereiten muss*. Denn wenn sie alle ihre Kräfte dieser »Verwaltung« widmet, d.h. wenn die Partei praktisch mit dem Staat verschmilzt – wie man dies in den Ländern Osteuropas erlebt –, wird sie nicht zu seiner Zerschlagung beitragen können. Eine kommunistische Partei kann sich also unter keinen Umständen wie eine gewöhnliche »Regierungspartei« verhalten, denn eine Regierungspartei zu sein, das heißt, eine Staatspartei zu sein; was entweder bedeutet, dass man dem bürgerlichen Staat dient, oder aber dass man den Staat der Diktatur des Proletariats verewigt, obwohl es doch die Aufgabe der kommunistischen Partei ist, vielmehr zu dessen Zerschlagung beizutragen.

Man sieht, dass sich eine revolutionäre Partei – auch wenn sie ihren festen Platz im politischen ideologischen Staatsapparat beansprucht, um das Echo des Klassenkampfs auch im Parlament hörbar werden zu lassen, und selbst wenn sie sich an der Regierung »beteiligt«, weil die Bedingungen günstig sind, um die Entwicklung des Klassenkampfs zu beschleunigen – weder durch ihren Platz im gewählten Parlament, noch durch die im bürgerlichen *politischen* ideologischen Staatsapparat realisierte Ideologie definiert. In Wahrheit hat eine kommunistische Partei eine ganz andere »politische Praxis« als die bürgerlichen Parteien.

Eine bürgerliche Partei verfügt über die Ressourcen und die Unterstützung der jeweiligen Bourgeoisie, ihrer ökonomischen Herrschaft, ihrer Ausbeutung, ihres Staatsapparates, ihrer ideologischen Staatsapparate usf. Um existieren zu können, braucht sie nicht *als erste Priorität* die Volksmassen zusammenzufassen, welche sie für ihre Ideen gewinnen will: Es ist vor allem die gesellschaftliche Ordnung der Bourgeoisie selbst, welche diese Arbeit der Überzeugung, der Propaganda und der Mitgliederwerbung übernimmt und den bürgerlichen Parteien ihre Massenbasis sichert. Auf Seiten der Bourgeoisie ist der politische und ideologische Zugriff derart zuverlässig und seit langem gesichert, dass »normalerweise« die Wahlentscheidungen geradezu automatisch erfolgen – bis auf die Variationen, welche die Parteien der verschiedenen Fraktionen der Bourgeoisie betreffen. In der Regel genügt es den bürgerlichen Parteien, ihren Wahlkampf, in dem sie sich kurzfristig und wirksam mobilisieren, gut zu organisieren, um die Früchte jener Herrschaft zu ernten, welche sich selbst als Überzeugung durch den Wahlkampf darstellt. Deshalb bedarf eine bürgerliche Partei auch keiner wissenschaftlichen Theorie oder überhaupt einer festen Doktrin, um zu überleben: Es genügt ihr, einige Ideen zu haben, welche sie dem Fundus der herrschenden Ideologie entnimmt, um Anhänger zu gewinnen, die bereits im Voraus – aus Interesse oder aus Furcht – davon überzeugt sind.

Eine Arbeiterpartei kann dagegen ihren Mitgliedern gar nichts bieten: weder Pfründe noch materielle Vorteile, mit denen die bürgerlichen Parteien sich ihre Klientel, falls sie zögern sollte, dann einfach kaufen. Sie gibt sich als das, was sie ist: eine Organisation des proletarischen Klassenkampfs, deren einzige Kraft im Klasseninstinkt der Ausgebeuteten, in einer wissenschaftlichen Theorie und in der Freiwilligkeit ihrer auf der Grundlage der Anerkennung der Parteistatuten engagierten Mitglieder besteht. Sie organisiert ihre Mitglieder, um den Klassenkampf in allen seinen Formen zu führen: ökonomisch (in Verbindung mit gewerkschaftlichen Organisationen), politisch und ideologisch. Sie definiert ihre Linie und ihre Praktiken nicht allein auf der Grundlage der *Revolte* der ausgebeuteten Arbeiter, sondern auf der Grundlage der von ihr mit Hilfe der Prinzipien ihrer wissenschaftlichen, um die gesamte Erfahrung des Klassenkampfs bereicherten Theorie »konkret« analysierten *Kräfteverhältnisse* zwischen den Klassen. Sie berücksichtigt also im höchsten Maße die Formen und die Kraft des Klassenkampfs der herrschenden Klasse, nicht nur im nationalen Rahmen, sondern auch im Weltmaßstab. Aufgrund dieser »Linie« kann sie es für nützlich und »richtig« halten, zu einem bestimmten Zeitpunkt in eine linke Regierung einzutreten, um darin ihren Klassenkampf mit ihren eigenen Zielen zu führen. In jedem Fall aber ordnet sie die unmittelbaren Interessen der Bewegung immer den Zukunftsinteressen der Arbeiterklasse unter. Sie ordnet ihre Taktik der Strategie des Kommunismus unter, d.h. der Strategie der klassenlosen Gesellschaft. Dies sind zumindest ihre »Prinzipien«.

Unter diesen Umständen sprechen die Kommunisten zu Recht von ihrer Partei als einer »Partei neuen Typs«, die sich vollständig von den bürgerlichen Parteien unterscheidet, und von sich selbst als »Kämpfern neuen Typs«, die sich vollständig von den bürgerlichen Politikern unterscheiden. Die Praxis ihrer Politik – ob illegal oder legal, ob parlamentarisch oder »außerparlamentarisch« – hat nichts mit der bürgerlichen politischen Praxis gemein.

Nun wird man natürlich sagen, dass auch die kommunistische Partei sich – wie alle Parteien – auf der Grundlage einer *Ideologie* konstituiere, die sie im Übrigen selbst als *proletarische Ideologie* bezeichnet. Gewiss. Auch bei ihr spielt die Ideologie die Rolle des »Zements« (Gramsci) einer bestimmten sozialen Gruppe, welche sie in ihrem Denken und ihren Praktiken vereinheitlicht. Auch bei ihr »ruft« diese Ideologie »die Individuen als Subjekte an«, genau genommen als Subjekte einer aktiven Mitgliedschaft.[7] Es genügt bereits, auch nur einige konkrete Erfahrung mit einer kommunistischen Partei zu haben, um diesen Mechanismus und diese Dynamik zu erkennen, die *im Prinzip* das Schicksal eines Individuums nicht weniger besiegelt als irgendeine andere Ideologie, jedenfalls wenn man dabei das »Spiel« und die Widersprüche zwischen den verschiedenen Ideologien berücksichtigt. Aber das, was man als die proletarische Ideologie bezeichnet, ist nicht die rein »spontane« Ideologie des Proletariats, in der die proletarischen »Elemente« (Lenin) mit bürgerlichen Elementen kombiniert und meistens diesen sogar unterworfen sind. Denn um als eine ihrer Einheit bewusste und in ihrer Kampforganisation aktive Klasse zu existieren, braucht das Proletariat nicht nur Erfahrung (die des Klassenkampfs, den es seit mehr als einem Jahrhundert führt), sondern auch *objektive Erkenntnisse*, deren Prinzipien ihm von der marxistischen Theorie geliefert werden. Auf dieser gedoppelten Grundlage der durch die marxistische Theorie erhellten Erfahrungen konstituiert sich die proletarische Ideologie als eine Massenideologie, welche dazu in der Lage ist, die Avantgarde der Arbeiterklasse in ihren Klassenkampforganisationen zu vereinheitlichen. *Es ist also eine sehr eigenartige Ideologie*: Es ist eine Ideologie, denn auf der Ebene der Massen funktioniert sie wie jede Ideologie (indem sie die Individuen als Subjekte anruft), aber sie ist gleichzeitig durchdrungen von historischen Erfahrungen, welche durch wissenschaftliche Prinzipien der Analyse erhellt werden. So wie sie sich darstellt, ist sie eine der Formen der Verschmelzung der ARBEITERBEWEGUNG mit der marxistischen Theorie, eine Verschmelzung, die nicht ohne Spannungen oder Widersprüche stattfindet: Denn zwischen der proletarischen Ideologie, wie sie zu einem gege-

---

[7] *Militant* – wörtlich »im aktiven Dienst befindlich«, »sich aktiv einsetzend«, abgeleitet von »militer«, d.h. »sich einsetzen« in einem Zusammenhang und für eine Sache – bezeichnete im Französischen allein die Mitglieder der Arbeiterparteien. [fow]

benen Zeitpunkt existiert, und der Partei, in der sie sich verkörpert, kann es eine Form der Einheit geben, welche für die marxistische Theorie selbst *undurchsichtig* bleibt, obwohl sie doch selber an dieser Einheit beteiligt ist. Die marxistische Theorie wird dann im Sinne eines bloßen Machtworts eingesetzt, d.h. als ein bloßes Wiedererkennungszeichen benutzt oder als Dogma verkündet, und im Grenzfall kann sie sogar – obwohl sie als Theorie der Partei proklamiert wird – ganz einfach verschwinden zugunsten einer pragmatischen und sektiererischen Ideologie, die dann nur noch den Partei- oder Staatsinteressen dient. Es bedarf keiner langen Ausführungen, um hierin die gegenwärtige Lage zu erkennen, wie sie in den durch die Stalin-Zeit gekennzeichneten Parteien herrscht – und um daraus die Schlussfolgerung zu ziehen, dass auch die »proletarische Ideologie« Gegenstand und Einsatz eines Klassenkampfes ist, der das Proletariat in seinen eigenen Prinzipien der Einheit und der Aktion trifft, wenn die herrschende bürgerliche Ideologie und die bürgerliche politische Praxis in die Organisationen des proletarischen Klassenkampfs eindringen.

Eine Ideologie: gewiss doch. Aber die proletarische Ideologie ist keine beliebige Ideologie. Jede Klasse erkennt sich nämlich in einer spezifischen und keineswegs willkürlichen Ideologie wieder, nämlich in derjenigen, welche *in ihrer strategischen Praxis* verankert und dazu in der Lage ist, ihren Klassenkampf zu vereinheitlichen und auszurichten. Man weiß, dass die feudale Klasse sich aus Gründen, die man näher analysieren müsste, auf diese Weise in der *religiösen Ideologie* des Christentums wiedererkannte und dass die bürgerliche Klasse sich in der gleichen Weise – zumindest in der Zeit ihrer klassischen Herrschaft und vor den neuesten Entwicklungen des Imperialismus – in der *juristischen Ideologie* wiedererkannte. Die Arbeiterklasse erkennt sich ihrerseits – auch wenn sie durchaus für Elemente der religiösen, moralischen und juristischen Ideologie empfänglich ist – vor allen Dingen in einer wesentlich politischen Ideologie wieder: nicht etwa in der bürgerlichen politischen Ideologie (der Klassenherrschaft), sondern in der proletarischen politischen Ideologie des Klassenkampfs für die Abschaffung der Klassen und die Errichtung des Kommunismus. Genau diese Ideologie, die zunächst spontane Formen angenommen hat (utopischer Sozialismus) und später dann durch die Verschmelzung von Arbeiterbewegung und marxistischer Theorie gleichsam belehrt und weiterentwickelt wurde, bildet den »Kern« der proletarischen Ideologie.

Es versteht sich, dass eine solche Ideologie nicht das Ergebnis eines *Unterrichts* gewesen ist, den einzelne »Intellektuelle« (Marx und Engels) der Arbeiterbewegung gegeben hätten, wobei diese sich jene Ideologie zu eigen gemacht hätte, weil sie sich in ihr wiedererkannte: Man müsste dann nämlich erklären, wie bürgerliche Intellektuelle ein derartiges Wunder haben vollbringen können – nämlich eine geradezu maßgeschneiderte Theorie für das Proletariat zu schaffen. Sie ist auch nicht – wie Kautsky gemeint hat – von außen in die Arbeiterbewegung »hineingetragen« worden, denn Marx und Engels hätten ihre Theorie nicht entwickeln können, wenn sie diese nicht ihrerseits auf theoretischen Klassenpositionen begründet hätten, die eine unmittelbare Folge ihrer organischen Zugehörigkeit zur Arbeiterbewegung ihrer Zeit gewesen sind. In Wirklichkeit wurde die marxistische Theorie zwar von Intellektuellen mit einem ungeheuer hohen Bildungsstand konzipiert, aber *innerhalb der Arbeiterbewegung und aus ihrem Innern heraus*. Machiavelli sagte, dass man, »um den Fürsten zu begreifen, Volk sein muss«. Ein Intellektueller, der nicht im Volk geboren wird, muss *Volk werden*, um die Fürsten zu begreifen, und er kann es nur werden, indem er an den Kämpfen dieses Volkes teilnimmt. Das hat Marx getan: Er ist zum »organischen Intellektuellen des Proletariats« (Gramsci) *geworden*, indem er in dessen Organisationen kämpfte, und erst auf den politischen und theoretischen Positionen des Proletariats hat er das Kapital »begreifen« können. Die falsche Frage des Hineintragens der marxistischen Theorie »von außen« wird somit zur Frage der *Verbreitung einer Theorie innerhalb der Arbeiterbewegung, die innerhalb der Arbeiterbewegung konzipiert wurde*. Natürlich ist diese »Verbreitung« das Ergebnis eines sehr langen Klassenkampfs mit schwerwiegenden Widrigkeiten – und sie geht auch heute noch weiter, trotz der dramatischen Spaltungen, die vom Klassenkampf des Imperialismus herrühren.

Um das Wesentliche dieser Analyse des Charakters der revolutionären Partei zusammenzufassen, kann man die These vom Primat des Klassenkampfs über den Staatsapparat und die ideologischen Staatsapparate wieder aufgreifen. *Der Form nach* kann eine Partei wie die kommunistische als eine Partei wie jede andere erscheinen, sobald sie das Recht hat, sich mittels Wahlen im Parlament vertreten zu lassen. *Der Form nach* kann sie den Anschein erwecken, die »Spielregeln« des *politischen* ideologischen Staatsapparates einzuhalten, wenn sie im Parlament auftritt oder sich gar an einer Regierung der Volkseinheit »beteiligt«. *Der Form nach* kann sie sogar den Anschein erwecken, dass sie sich diese »Spielregeln« und damit das gesamte ideologische System, das sich in ihr verkörpert, als solche zu eigen macht – also das gesamte bürgerliche ideologische System. Und die Geschichte der Arbeiterbewegung liefert genügend Beispiele dafür, dass eine revolutionäre Partei, indem sie »am Spiel teilnahm«, tatsächlich »verspielt« hat und unter dem Druck der herrschenden bürgerlichen Ideologie den Klassenkampf zugunsten der Klassenkollaboration aufgab. Diese »Form« kann unter der Einwirkung des Klassenkampfs also zur Wirklichkeit werden.

Dieses stets aktuelle Risiko erinnert uns an die Bedingung, unter der sich die Arbeiterbewegung überhaupt erst hat konstituieren können: die *der Vorherrschaft des bürgerlichen Klassenkampfs über den proletarischen Klassenkampf*. Man macht sich eine falsche Vorstellung vom Klassenkampf, wenn man meint, dass er nur *das Ergebnis der Revolte der Arbeiterklasse* gegen soziale Ungerechtigkeit, Ungleichheit oder auch kapitalistische Ausbeutung sei, kurzum, wenn man den Klassenkampf auf den proletarischen Klassenkampf gegen die *gegebenen* Ausbeutungsbedingungen reduziert – und dann auf die Antwort der Bourgeoisie auf diesen Kampf. Das hieße zu vergessen, dass die Ausbeutungsbedingungen immer primär sind und dass der Prozess der Konstituierung der Ausbeutungsbedingungen des Proletariats die grundlegende Form des bürgerlichen Klassenkampfs ist, dass also die Ausbeutung bereits Klassenkampf und dass also *der bürgerliche Klassenkampf primär* ist. Die gesamte Geschichte der ursprünglichen Akkumulation kann als Produktion der Arbeiterklasse durch die bürgerliche Klasse betrachtet werden – in einem Klassenkampf, der die kapitalistischen Ausbeutungsbedingungen erst als solche erschafft.

Wenn diese These zutrifft, so sieht man klar und deutlich, inwiefern der bürgerliche Klassenkampf von Anfang an den proletarischen Klassenkampf beherrscht und warum der proletarische Klassenkampf solange gebraucht hat, um Gestalt anzunehmen und seine eigenen Existenzformen zu finden, warum der Klassenkampf derart grundlegend *ungleich* ist, warum er nicht in den gleichen Praktiken auf Seiten der Bourgeoisie und des Proletariats geführt wird und warum die Bourgeoisie in den ideologischen Staatsapparaten *Formen* durchsetzt, deren Aufgabe es ist, der revolutionären Aktion der Arbeiterklasse *präventiv* zu begegnen und sie sich auf diese Weise zu unterwerfen.

Die große strategische Forderung der Arbeiterklasse nach *Autonomie* bringt diese Bedingung zum Ausdruck. Der Herrschaft des bürgerlichen Staates und dem Einschüchterungseffekt und der »Evidenz« der herrschenden Ideologie unterworfen, kann die Arbeiterklasse ihre Autonomie nur dann erkämpfen, wenn sie sich von der herrschenden Ideologie befreit, sich von ihr abgrenzt, um sich Organisations- und Aktionsformen zu geben, in denen sich ihre eigene Ideologie – die proletarische Ideologie – verwirklicht. Das Besondere an diesem Bruch, an dieser radikalen Distanzierung ist, dass sie sich nur in einem lang andauernden Kampf vollziehen können, der dazu gezwungen ist, die *Formen* der bürgerlichen Herrschaft zu berücksichtigen und die Bourgeoisie *im Schoß ihrer eigenen Herrschaftsformen* zu bekämpfen, ohne sich jemals in diesen Formen zu »verlieren« (se prendre au jeu), die keine bloßen neutralen »Formen«, sind, sondern Apparate, die die Existenz der herrschenden Ideologie verwirklichen.

Wie ich in meiner Nachbemerkung von 1970 gesagt habe: »Denn auch wenn die ISAs die Form darstellen, in der die Ideologie der herrschenden Klasse sich *notwendigerweise verwirklichen* muss, und zugleich die Form, mit der die Ideologie der beherrschten Klasse sich notwendigerweise messen und der sie entgegentreten muss, so »entstehen« die Ideologien dennoch nicht in den ISAs, sondern aus den im Klassenkampf begriffenen gesellschaftlichen Klassen: aus ihren Existenzbedingungen, ihren Praktiken, ihren Kampferfahrungen usw.«[8]

Die Existenzbedingungen, die (produktiven und politischen) Praktiken und die Formen des proletarischen Klassenkampfs haben nichts gemein mit den Existenzbedingungen, den (ökonomischen und politischen) Praktiken und den Formen des kapitalistischen und imperialistischen Klassenkampfs. Daraus ergeben sich antagonistische Ideologien, die ebenso wie die Klassenkämpfe (der Bourgeoisie und des Proletariats) *ungleich* sind. Das bedeutet, dass die proletarische Ideologie nicht das unmittelbare Gegenteil, die Umkehrung, die Umstülpung der bürgerlichen Ideologie ist, sondern eine *ganz andere Ideologie*, welche für ganz andere »Werte« steht, die »kritisch und revolutionär« ist. Und weil sie bereits – trotz aller Wechselfälle ihrer Geschichte – für diese Werte steht, welche bereits in den Organisationen und Praktiken des Arbeiterkampfes realisiert sind, nimmt die proletarische Ideologie etwas von dem vorweg, was die ideologischen Staatsapparate des sozialistischen Übergangs sein werden; und sie nimmt damit auch etwas vorweg von der Abschaffung des Staates und der Abschaffung der ideologischen Staatsapparate unter dem Kommunismus.

---

[8] Siehe S. 101f. [fow]

# Anhang
# Louis Althusser, Gesammelte Schriften

Eine produktive Althusser-Rezeption in Deutschland braucht zuverlässige deutsche Lesetexte. Im Rahmen dieser Ausgabe sollen sie zügig zur Verfügung gestellt werden, nachdem die alten Ausgaben mit oft problematischen Übersetzungen schon lange vergriffen sind.

Zu diesem Zweck werden bereits verstreut vorliegende Übersetzungen gesammelt, durchgesehen und – ergänzt durch bisher noch nicht übersetzte oder erst posthum zugänglich gewordene Schriften – zu thematisch sinnvollen Bänden zusammengestellt. Dabei wird zugleich, soweit vertretbar, der Charakter der bisher auf Deutsch erschienenen Sammelbände beibehalten, wie sie die deutsche Althusser-Rezeption bis heute geprägt haben.

Diese Ausgabe in Angriff zu nehmen, ist von der Überzeugung geleitet, dass es im deutschen Sprachraum im Hinblick auf die Rezeption Louis Althussers noch etwas nachzuholen gibt. Selbstverständlich kann dies nicht mehr die – in den 1970er Jahren weitgehend gescheiterte – zeitgenössische Rezeption im Handgemenge des politischen und philosophischen Streites sein. Es ist aber auch zu hoffen, dass die rückblickend kritische Rezeption, wie sie heute möglich geworden ist, keine bloß museale Kontemplation sein wird. Das Unabgegoltene in Althussers Thesen auf dem Wege zu einer Philosophie der Befreiung bleibt ebenso aufzuarbeiten wie die in seinen Untersuchungen zu findenden Impulse für sehr unterschiedliche Entwicklungslinien in Philosophie und Gesellschaftswissenschaften, wie sie sich inzwischen weltweit entfaltet haben.

Es geht also nicht darum, in Deutschland nachträglich eine Althusser-Schule in Gang zu bringen. Das wäre historisch verfehlt. Aber es geht in der Tat darum, auch in Deutschland damit aufzuhören, Louis Althusser als toten Hund zu behandeln.

## Gegenwärtiger Stand der Planung der Ausgabe

Sofern nicht anders angegeben, erscheinen die Bände im Verlag Westfälisches Dampfboot in Münster. Im ersten Band ist ein biographischer Anhang, im letzten Band eine Bibliographie zur Althusser-Rezeption geplant. Zu jedem Band wird ein Nachwort verfasst, das die Rezeption erleichtern soll.

*Band 1: Philosophie und Marxismus*
Die Nacht des Menschen (1947)/Zur Lage der Kirche (1949)/Die Rückkehr zu Hegel (1950)/Die eheliche Obszönität (1951)/Über den Marxismus (1953)/Notiz über den dialektischen Materialismus (1953)/Über die Objektivität der Geschichte (Brief an Paul Ricœur) (1955)/Philosophie und Humanwissenschaften (1963)/Theorie und Methode (Kritik an Umberto Eco) (1964)/Notiz zur Epistemologie Georges Canguilhems (1964)/Historischer Materialismus und Dialektischer Materialismus (1966)/Die historische Aufgabe der marxistischen Philosophie (1967)/Über die theoretische Arbeit (1967)/Brief an Régis Debray über »Revolution in der Revolution?« (1967)

*Band 2: Montesquieu und Rousseau, Machiavelli*
Montesquieu. Politik und Geschichte (1959)/Über Jean-Jacques Rousseau »Gesellschaftsvertrag« (1966)/Anmerkungen zur Rezeption John Lockes (1962)/Die Einsamkeit Machiavellis (1977)

*Band 3: Für Marx (1965)*
*(erschienen bei Suhrkamp 2011)*

*Band 4: Das Kapital lesen*
(mit den Beiträgen von Étienne Balibar, Roger Establet und Jacques Rancière) (1965)/Retraktationen zum Kapital (= Lire le capital, dt., plus weitere Aufsätze Althussers zur Kapitallektüre)/Brief zur Gramsci-Interpretation (1968)/Wie sollen wir »Das Kapital« lesen? (1969)/Einleitung zur Taschenbuch-Ausgabe des »Kapital« (1969)/Marx' Denken im »Kapital« –Vorwort zu Duménil (1977)
*(erschienen 2014)*

*Band 5: Ideologie und ideologische Staatsapparate*
1. Halbband: Michel Verret (1969)/Ideologie und ideologische Staatsapparate (1969/70)/Notizen zu den ISA (1976)
*(erschienen bei VSA 2010)*
2. Halbband: Notiz über den ideologischen Staatsapparat Kirche (1969)/ Der Überbau – Über die Reproduktion der Produktionsverhältnisse (1969)
*(erschienen bei VSA 2012)*

*Band 6: Die Psychoanalyse, das Unbewusste und die Kunst*
Freud und Lacan (1964) / Die Entdeckung des Dr. Freud (1976) / Über Marx und Freud (1976) / Angesichts des Surrealismus: Alvarez-Rios (1962) / Cremonini, Maler des Abstrakten (1964-1966) / Brief über die Erkenntnis der Kunst (Antwort an André Daspre) (1966) / Brecht und Marx (1968) / Lam (1977)

*Band 7: Philosophie und spontane Philosophie der Wissenschaftler (1976)*
Erste Vorlesung / Zweite Vorlesung / Dritte Vorlesung / Vierte Vorlesung / [Fünfte Vorlesung] Über Jacques Monod

*Band 8: Krise und Transformation des Marxismus*
Studentenprobleme (1964) / Theorie, theoretische Praxis und theoretische Bildung (1965) / Über die chinesische Kulturrevolution (1966) / Von »Das Kapital lesen« bis »Lenin und die Philosophie« (1968) / Lenin und die Philosophie (1968) / Diskussion über »Lenin und die Philosophie« mit Jean Hyppolite, Paul Ricœur, J.-P. Faye u.a. (1968) / Über das Verhältnis von Marx zu Hegel (1968) / Die Philosophie als Waffe der Revolution (1968) / Lenin und Hegel (1969) / Die Bedingungen der wissenschaftlichen Entdeckung von Marx (1970) / Marxismus und Klassenkampf (1971) / Antwort an John Lewis (1972) / Bemerkungen zu einer Kategorie »Prozess ohne Subjekt und ohne Ende/Ziel« (1973) / Anmerkung zu »Kritik des Personenkults« (1972) / Elemente der Selbstkritik (1972) / Brief an M.A. Machiocchi über den Mai '68 (1969) / Interview mit einem polnischen Journalisten (1974) / Etwas Neues in der Strategie der KPF (1974) / Ist es einfach, in der Philosophie Marxist zu sein? (1975) / Kommunisten und Philosophie (1975) / Briefwechsel zur portugiesischen Revolution (1975) / Geschichte beendet, endlose Geschichte (1976) / Die Transformation der Philosophie (1976) / Einige Probleme der Krise der marxistischen Theorie und der internationalen kommunistischen Bewegung (1976) / Die historische Bedeutung des 22. Parteitags der KPF (1977) / Über die Krise des Marxismus (1977) / Der Marxismus heute (1978) / Interview mit »Il Manifesto« (1978) / Wie es in der KPF nicht mehr weitergehen kann (1978) / Der Marxismus als endliche Theorie (1978)

Anhang: Interviews mit »Les Nouvelles Littéraires«, »Paese Sera« sowie zur deutschen Ausgabe der »Krise des Marxismus« (1978) / Die Veränderung der Welt hat kein Subjekt. Notiz zu den Thesen über Feuerbach (publ. 1994)

Weitere Bände mit posthum veröffentlichten Schriften sollen die Ausgabe abrunden, so weit dies noch erforderlich und möglich ist.